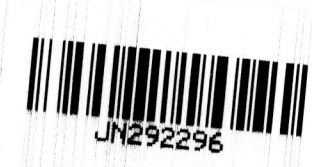

ひろみちお兄さんの からだあそび

佐藤弘道 著

チャイルド本社

はじめに

まずはこの本にご興味をもち、さらに手にしていただけたことに感謝を申し上げます。きっと、あなたは今の保育に何かしら変化を与えたい、運動指導について学びたいと考えて、この本に手を伸ばされたのではないでしょうか？　私も同じように、どうしたら子どもたちが楽しくからだを動かしてくれるのかということを常に考えています。私は一人の親として、そして体操の指導者として「子どもたちのために」という言葉をモットーに、よりよい環境で子どもたちを育てられたらと思っています。環境とは、公園や園庭、家庭環境など様々なものがありますが、私たち大人も子どもたちにとって「環境の一部」だと思っています。特に、親以外で子どもたちに一番近い存在は指導者や保育者です。子どもたちに正しい、そして楽しい運動指導をすることで、今まで以上に子どもたちは成長します。その子どもたちのために、ぜひこの本を活用していただけたらうれしく思います。

段階指導と心の育み

この本は「段階指導」を意識して構成しました。では「段階指導」とはどういうものなのでしょうか？

例えば、これから子どもたちにとび箱の「開脚とび」を指導しようと考えた場合、あなたならどうしますか？　いきなりロイター板（踏み切り板）を置き、何段もとび箱を並べて「はい、とんで！」という指導をしていますか？　または、そんな指導者を見たことがありますか？　正直に申し上げると、残念ながらこの指導者は失格です。

子ども（特に幼児）は大人とは違い、頭部が大きく（重く）、普段の生活の中でも頭や顔のけがが多く発生しています。それはなぜでしょうか？　想像してみてください。子ども（幼児）がとび箱をとぶというのは、からだの比率的に申し上げると、私たち大人が大きなヘルメットを被ったままとび箱をとぶようなものなのです。私も今までたくさんの指導者を見てきましたが、これを普通に指導している指導者が多く見受けられました。そして、その運動指導者をよしとして受け入れている園や施設がありました。しかし、これでは子どもたちにとって、よい環境とはいえません。

とび箱の「開脚とび」というのは①助走～②踏み切る～③手をつく～④足を開く～⑤とび越す～⑥着地、と６つの運動から成り立っています。この運動を一つひとつ分解して指導を行わず、自分のからだを自分の腕で支えられない状態でいきなりとび箱をとばせては、子どもがけがをしてしまうのは当然な結果となります。

幼児期というのは、どれだけ速く走れるか、何段高くとべるか、逆上がりが何回できるかという競技的な指導よりも、「動きつくり」を通しての「運動機能の発達」の指導の方がはるかに大切です。子どもたちの運動神経を高めるためには競技的（スポーツ的）な指導よりも、子どもたちの大好きな「あそび」をテーマにした段階指導が必要です。この本はその指導ができるように工夫されています。そして、補助に立つときの場所やポイント

も明記されていて、あなたの「補助力」がアップできるようになっています。さらに、どのような運動能力に刺激を与えているのかが分かりやすいように、「あそび」を運動能力別に紹介しています。もちろん、幼児期に筋力トレーニングをしてまで「筋力」を高める必要はありません。しかし、握力や支持力（自分のからだを自分で支える力）は、子ども自身がけがをしないためにも必要最低限の筋力であることは理解してください。ただ、小さなけがを恐れて何もしないでいると、大きなけがにつながることがあります。「小さなけがは大きなけがの予防」でもあります。自分自身が転んでけがをした痛みを知っている子どもは、お友達が転んだときに手を差し伸べる優しい心をもった子どもになります。「運動あそび」は子どもたちの心も育むのです。これは、机の上では学べないことです。なぜなら、それは実体験だからです。

運動とスポーツの違い

では、なぜ幼児期に競技的(スポーツ的)な指導ではいけないのでしょうか？　それは、「運動」と「スポーツ」には大きな違いがあるからです。簡単に分けると「運動は万人のもの」で「スポーツは特別な人のもの」だからです。「運動」とは「はう・歩く・走る・投げる・蹴る…」など、人と競うことなく日常の生活に役立っている「動き」です。しかし「スポーツ」は必ず結果が問われます。日常生活にないのが「スポーツ」です。でも、指導能力のない指導者は結果を出したがります。それはなぜかというと、指導者として点数がつけやすいからです。その方が指導的に簡単だからです。このような点数を日々つけている指導者や保育者ばかりがいる環境では、子どもたちはのびのびと育つどころか、毎日プレッシャーの中でおどおどしてしまい、子どもらしさをなくすだけです。あなたの周りでも心当たりはありませんか？

それと、もう一つつけ加えるなら「スポーツ」にはけががつきものです。今の親御さんは「英才教育」と言って、子どもたちを競技的な環境に早く置きたがりますが、「技」を覚えたいのであれば、まずは「体力」をつけることが先です。

毎年10月の体育の日には、必ずと言っていいほど新聞や雑誌に子どもの体力についての記事が掲載されます。今の子どもは体力がない、今年は少し平均が上がったなど、一喜一憂しているのが現状です。では、なぜ「体力」が必要なのでしょうか？　「体力」って何でしょうか？　どうしたら「体力」が上がるのでしょうか？　実は「体力」の基盤は幼児期に作られるのです。

あそび・運動・スポーツという木

イメージしてください。目の前に木があります。土の下にある根っこが「あそび」です。幹が「運動」です。そして、枝が「スポーツ」なのです。その枝に大きな花を咲かせたいのであれば、まずはしっかりとした「根っこ」づくりが大切なのです。これが幼児期の「あそび」になるのです。あそびながら体力をつけて、太くてしっかりとした「運動」という幹を育てておけば「運動能力」は向上し、どんなスポーツにも対応できるのです。運動という幹が太くてしっかりしていれば、たくさんの「枝」が増えるのです。そして将来、こ

の「体力」は勉強を続けられる「継続という力」になるのです。昔から「運動ができる人間は頭がいい」といわれますが、これは体力があることで集中力が続くからなのです。実は、体力はからだのことだけではなく、心（精神）にも影響があるのです。だからこそ、幼児期の段階指導（根っこづくり）が大切なのです。これこそが幼児期に作られる体力の基盤なのです。

子どもたちのために

段階指導を知らない指導者や保育者は、目標がなく、毎日毎回バラバラな、次につながらないその場限りの指導をしています。「あそび」や「運動」を知らない指導者や保育者は自分の得意なこと（種目）や競技的な指導しかしません。子どもたちにとって、バランスの悪い指導をしているのです。鉄棒にはどのような導入方法があるのか、マットの前転を行う前に何をしなければならないのか、平均台は子どもたちにとって何につながるのか、一つひとつの動きを考えて段階指導をする必要があります。この細かい一つひとつの作業が全て「子どもたちのために」なのです。

現代は「あそび場の減少・外あそびの減少・少子化による仲間の減少」と子どもたちにとって厳しい環境です。だからこそ、良い指導者・良い保育者が一人でも多く必要なのです。

そして、幼児期は人間形成にとっても大切な時期です。親にとっても、子どもと一緒に成長をする大切な時期でもあります。子どもをしっかり育てることで、親自身が成長できます。「子育ては、親育て」なのです。

「世の中は変わることだけが変わらない」。これは、私が狂言で習った言葉です。何十年も伝統を重んじて、頑なに運動指導を取り入れない園も中にはあります。でも、本当に今の子どもたちにとってプラスの環境にしたいのであれば、思い切って変えてください。そして、良い指導者・保育者を子どもたちの周りに増やし、段階指導ができる指導者を子どもたちのそばに置いてください。変えることは何の問題もありません。なぜなら、その時代によって世の中が変わるということだけが変わらないのですから…。

子どもと関わること

まえがきが長くなりましたが、最後まで読んでいただきありがとうございました。

子どもと向き合う仕事は最高なことです。子どもと関わることはありがたいことです。親となり指導者となり、すぐ横に子どもがいることは幸せなことです。

この本を通じて、子どもに関わる皆さんと「仲間」になれたらと思っています。

では、早速ページを開き、一つひとつの運動全てに意味があることを感じ取りながら、子どもたちと一緒に楽しくあそんでみてください。

佐藤 弘道

この本の使い方

この本では、それぞれのあそびが、どの「運動能力」を高めるかを、ひと目でわかるように構成しています。
また、そのあそびの対象年齢や、主に使う遊具も、アイコンでわかりやすく表示しました。
子どもたちの伸ばしたい能力、使いたい遊具など、目的に合わせてあそびを選ぶことができます。
まずは、からだを動かすことを楽しみましょう。子どもたちの興味に合わせて、思い切りあそんでください。

対象年齢の目安を示しています。年齢にかかわらず、それぞれの子どもの発達段階に合わせて選んでもよいでしょう。

マット　なわ　とび箱　鉄棒　平均台　ボール　フープ　からだを使って

使用するおもな遊具です。マット、なわ、とび箱、鉄棒、平均台、ボール、フープを使ったあそびの他、遊具を使わないあそびも紹介しています。

この本で取り上げている8つの運動能力の中から、特にどの能力を高めるかを示しています。

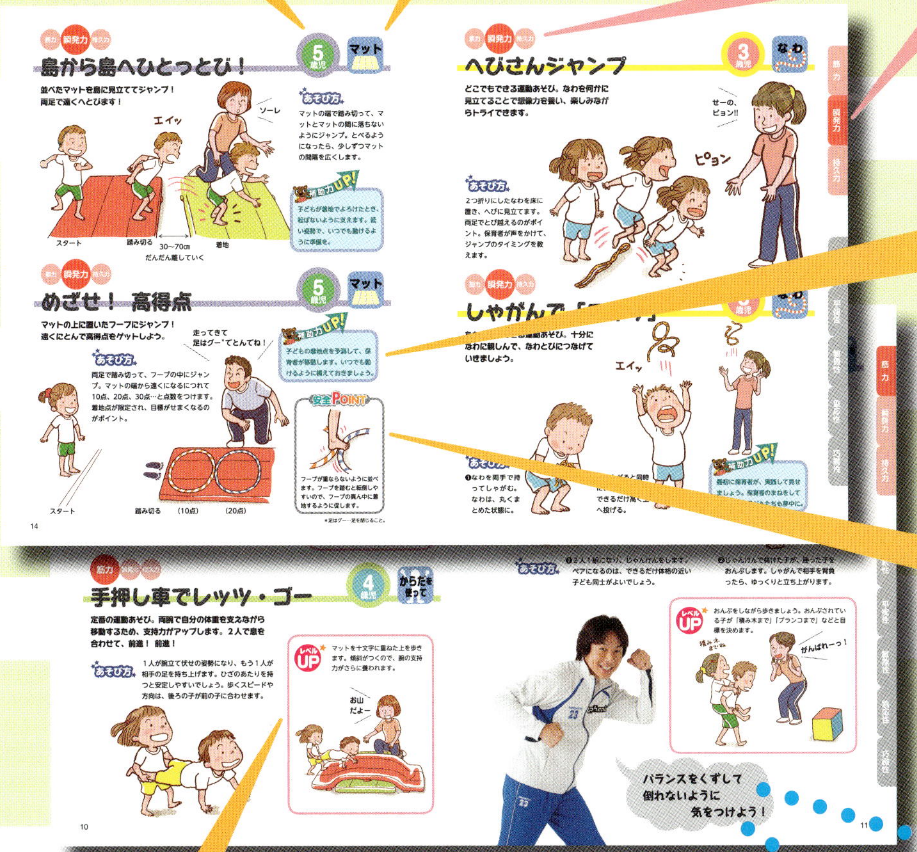

補助力UP!

保育者や指導者が子どもの動きを補助する能力を「補助力」として、子どもの事故やけがを防止するために、その場でするべきことを示しています。

安全POINT

あそびの中での事故を未然に防ぐためのチェックポイントをまとめています。遊具を使うときなどの注意点を押えておきましょう。

ひろみちお兄さんからのアドバイスもいっぱい！

レベルUP

さらに能力を高める動きを紹介。あそびに慣れてきたら、チャレンジしましょう。

ひろみちお兄さんのからだあそび

もくじ

2 —— はじめに

5 —— この本の使い方

ジワジワどっか〜ん！ 体力アップ

筋《きん》 力《りょく》

10 からだを使って ライオン歩き（3歳児）／手押し車でレッツ・ゴー（4歳児）／じゃんけんおんぶ（5歳児）

瞬《しゅん》 発《ぱつ》 力《りょく》

12 マット マットにドカーン！（3歳児）／トンネルくぐり（4歳児）／島から島へひとっとび！（5歳児）／めざせ！ 高得点（5歳児）

15 なわ へびさんジャンプ（3歳児）／しゃがんで「エイッ」（3歳児）／池越えジャンプ（4歳児）／くるくる「ポーイッ」（4歳児）／連続ハイジャンプ（5歳児）

18 とび箱 「せ〜の！」でタッチ（3歳児）／よじ登ってジャンプ（4歳児）／山越えジャンプ（5歳児）

持《じ》 久《きゅう》 力《りょく》

20 フープ フープにつかまれ〜（3歳児）／フープで引っ張れ〜（4歳児）／フープと競争（5歳児）

22 鉄棒 ぶら下がりインタビュー（3歳児）／ぶたの丸焼き対決（4歳児）／つばめのしりとり（5歳児）

★集団ゲーム

24 マット マットのぞうきんがけ競争（4歳児）／マット畑のだいこんさん（3歳児）／マットでつなひき（5歳児）

楽しくバランス！ 調整力アップ

柔《じゅう》 軟《なん》 性《せい》

30 マット ものまね変身ポーズ①（3歳児）／ものまね変身アクション（4歳児）／ものまね変身ポーズ②（5歳児）

33 鉄棒 はさみだ チョッキン！（3歳児）／トンネルできた！（4歳児）／鉄棒でY字バランス（5歳児）

36 ボール しゃがんでボールころころ（3歳児）／座ってボールころころ（4歳児）／ボール手渡し（5歳児）

38 なわ ズボンはき（3歳児）／2人でぎっこんばったん（4歳児）／2人でなべなべそこぬけ（5歳児）

★集団ゲーム

40 からだを使って ねこだよ！　ねずみさん（3歳児）／ものまね氷おに（4歳児）／じゃんけん足開き（5歳児）

平《へい》 衡《こう》 性《せい》

44 マット つま先・かかと・ひざで歩こう！（3歳児）／焼きいも、焼けたかな？（4歳児）／マットから落ちないで！（5歳児）

46 なわ 一本橋とぐねぐね橋（3歳児）／バランス歩き（4歳児）／座って立って、大成功!?（5歳児）

48 平均台 ものまね歩き（3歳児）／わにさん、起きないで（3歳児）／障害物越え（4歳児）／平均台でおっととと（5歳児）

★集団ゲーム

52 からだを使って 〇〇〇さんが、ころんだ（4歳児）／つるさんとかめさん（3歳児）／ケンケンずもう（5歳児）

敏《びん》捷《しょう》性《せい》

56 マット どの色のおうちかな（3歳児）／タッチでゴー（4歳児）／おぼえてダッシュ（5歳児）

58 フープ フープにさわらないように（3歳児）／はらはらダッシュ（4歳児）／くぐり抜けろ！（5歳児）

60 なわ 落とさずキャッチ（3歳児）／くるくるなわにつかまるな（4歳児）／しっぽ取り（5歳児）

★集団ゲーム

62 ボール ばくだんゲーム（3歳児）／ボール投げ合い合戦（4歳児）／的当てドッジボール（5歳児）

協《きょう》応《おう》性《せい》

66 とび箱 ジャンピング拍手（3歳児）／ジャンピングタッチ（4歳児）／ジャンピングターン（5歳児）

68 なわ プロペラ移動（3歳児）／走りとび（4歳児）／スキップしながら走りとび（5歳児）

70 ボール ころころボールをつかまえよう（3歳児）／まわりこみボール取り（4歳児）／バウンドボールキャッチ（5歳児）

72 平均台 またがりながら進む（3歳児）／はいはいしながら進む（4歳児）／手押し横歩き（5歳児）

★集団ゲーム

74 ボール ボールのおさんぽリレー（3歳児）／キックターゲット（4歳児）／お荷物運びリレー（5歳児）

巧《こう》緻《ち》性《せい》

78 マット ものまね大集合（3歳児）／回転しながらサイドジャンプ（4歳児）／足タッチ歩き（5歳児）

80 なわ なわ結び（3歳児）／8の字回し（4歳児）／通り抜け回し（5歳児）

82 ボール まりつきキャッチ（3歳児）／拍手キャッチ（4歳児）／息を合わせてポーン（5歳児）

★集団ゲーム

84 なわ なわほどき対決（3歳児）／なわずもう（4歳児）／走りとびジグザグリレー（5歳児）

親子体操

88 3歳児 力くらべ／携帯電話／つな渡り／手にタッチ／足の上をジャンプ

90 4歳児 エレベーター／向かい合わせでタッチ／かかしになろう／おしりにタッチ／ジャンプしてくぐろう

92 5歳児 たたみ返し／背中合わせでタッチ／おひざの上でバランス／くまさんで足タッチ／大の字ジャンプ

94 —— おわりに

95 —— 「らくがきっ子体操クラブ」

ジワジワ どっか〜ん！

体力アップ

からだを動かすための基本的な力が「体力」です。体力には、主に筋力、瞬発力、持久力があります。ここでは、紹介するあそびを通して身につく３つの体力のうち、メインと考えられるものを大きく取り上げています。楽しく体力をつけましょう。

筋《きん》力《りょく》

(p.10〜11)

筋肉が収縮することによって、生じる力です。幼児期に特別な筋力トレーニングは必要ありません。からだを使ってあそぶことで自然に身につきます。

瞬《しゅん》発《ぱつ》力《りょく》

(p.12〜19)

瞬間的に出す大きな力（パワー）です。思い切って、からだを動かすことが大切。力の出し方を身につけて、瞬発力をアップさせましょう。

持《じ》久《きゅう》力《りょく》

(p.20〜27)

長い時間、続けて行うことのできる力です。強い力ではありませんが、小さな力を、できるだけ長く続けて使うことに意味があります。

筋力 瞬発力 持久力

ライオン歩き

3 歳児

からだを使って

片足をしっぽに見立てて歩きます。からだを支える「支持力」がつき、倒立の基礎となります。百獣の王ライオンになりきって楽しみましょう。

あそび方

手のひらを床にしっかりつけて、片足を上げた姿勢で前に進みます。右足ができたら左足でもやってみましょう。

レベルUP

「かえるの逆立ち」に挑戦。両手を床につけて、おしりと足を持ち上げます。

筋力 瞬発力 持久力

手押し車でレッツ・ゴー

4 歳児

からだを使って

定番の運動あそび。両腕で自分の体重を支えながら移動するため、支持力がアップします。2人で息を合わせて、前進！ 前進！

あそび方

1人が腕立て伏せの姿勢になり、もう1人が相手の足を持ち上げます。ひざのあたりを持つと安定しやすいでしょう。歩くスピードや方向は、後ろの子が前の子に合わせます。

レベルUP

マットを十文字に重ねた上を歩きます。傾斜がつくので、腕の支持力がさらに養われます。

筋力 瞬発力 持久力

じゃんけんおんぶ

5歳児

からだを使って

友達を背負うのは、意外にたいへん。
楽しみながら全身運動ができます。

あそび方

❶2人1組になり、じゃんけんをします。ペアになるのは、できるだけ体格の近い子ども同士がよいでしょう。

❷じゃんけんで負けた子が、勝った子をおんぶします。しゃがんで相手を背負ったら、ゆっくりと立ち上がります。

レベルUP

おんぶをしながら歩きましょう。おんぶされている子が「積み木まで」「ブランコまで」などと目標を決めます。

バランスをくずして
倒れないように
気をつけよう！

筋力 **瞬発力** 持久力

3歳児

マット

マットにドカーン！

やわらかいマットに体当たりする運動あそび。
マットは折りたたんで使います。
マット怪獣をやっつけろー！

補助力UP!

両手でマットをしっかりと持ちます。低い姿勢になり、からだでマットを支えます。

あそび方

❶保育者の支えるマットに、子どもが勢いをつけて体当たりをします。

❷子どもがぶつかった瞬間、保育者はマットと一緒に倒れます。そうすることで、子どものからだに与える衝撃を少なくします。大げさなリアクションで楽しさもアップ！

筋力 瞬発力 持久力

トンネルくぐり

4歳児　マット

軽めのマットで作ったトンネルを、「くま歩き」で通り抜けます。早く通り抜けないと、つぶされちゃう?!

補助力UP!

マットから手を離すタイミングは、子どものスピードに合わせて。ギリギリで成功するように調節します。

ななこ
いきまーす

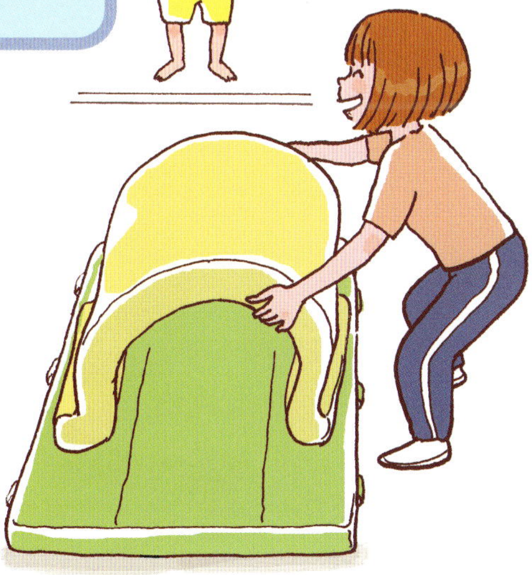

あそび方

早くしないと
トンネルがー

❶保育者がマットでトンネルを作ります。子どもはくま歩きの姿勢で、トンネルに向けてスタートします。手のつき方に注意！

❷子どもがトンネルから顔を出したら、保育者はマットから手を離します。うまく通り抜けられたら大成功！

ドーン！

●からだを支える力をつける「くま歩き」

《手のつき方》

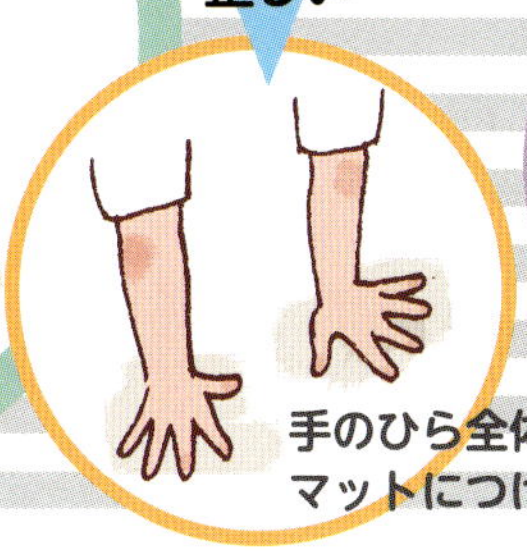
正しい
手のひら全体を
マットにつける。

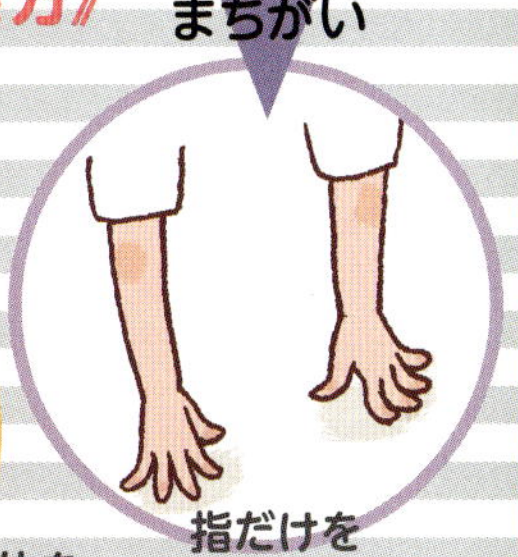
まちがい
指だけを
マットにつける。

手を大きく開いて、手のひらをしっかりとマットにつけるのがポイント。腕に自分の体重を感じるように、腰の位置を高く保ちます。腕でからだを支える力（支持力）がつき、マット運動やとび箱の基礎となります。

筋力　瞬発力　持久力

島から島へひとっとび！

5 歳児　マット

並べたマットを島に見立ててジャンプ！
両足で遠くへとびます！

エイッ
ソーレ
スタート
踏み切る
30〜70cm
着地
だんだん離していく

あそび方

マットの端で踏み切って、マットとマットの間に落ちないようにジャンプ。とべるようになったら、少しずつマットの間隔を広くします。

補助力UP!

子どもが着地でよろけたとき、転ばないように支えます。低い姿勢で、いつでも動けるように準備を。

筋力　瞬発力　持久力

めざせ！　高得点

5 歳児　マット

マットの上に置いたフープにジャンプ！
遠くにとんで高得点をゲットしよう。

走ってきて
足はグー*でとんでね！
スタート
踏み切る
（10点）
（20点）

あそび方

両足で踏み切って、フープの中にジャンプ。マットの端から遠くになるにつれて10点、20点、30点…と点数をつけます。着地点が限定され、目標がせまくなるのがポイント。

補助力UP!

子どもの着地点を予測して、保育者が移動します。いつでも動けるように構えておきましょう。

安全POINT

フープが重ならないように並べます。フープを踏むと転倒しやすいので、フープの真ん中に着地するように促します。

＊足はグー…足を閉じること。

へびさんジャンプ

3歳児　なわ

どこでもできる運動あそび。なわを何かに見立てることで想像力を養い、楽しみながらトライできます。

あそび方

２つ折りにしたなわを床に置き、へびに見立てます。両足でとび越えるのがポイント。保育者が声をかけて、ジャンプのタイミングを教えます。

しゃがんで「エイッ」

3歳児　なわ

なわ１本でできる運動あそび。十分になわに親しんで、なわとびにつなげていきましょう。

あそび方

❶なわを両手で持ってしゃがむ。なわは、丸くまとめた状態に。

❷立ち上がると同時に、全身を使ってできるだけ高く上へ投げる。

補助力UP!

最初に保育者が、実践して見せましょう。保育者のまねをしているうちに子どもたちも夢中に。

筋力 **瞬発力** 持久力

4歳児 なわ

池越えジャンプ

なわを池に見立ててあそびましょう。「へびさんジャンプ」よりも遠くにとぶことが求められます。

落ちないようにジャンプ!!

あそび方

なわを輪にして床に置き、両足でジャンプ。池に見立てた輪の中に落ちないように、とび越えます。

筋力 **瞬発力** 持久力

4歳児 なわ

くるくる「ポーイッ」

なわとびに発展するあそび。最初は肩で回しますが、だんだん手首を使えるようになります。なわの遠心力に慣れます。

パッ
くるくる回して
1、2の3～!!

あそび方

❶なわを半分に折って、からだの横で回します。

❷勢いがついたら、上に向かってパッと手を離します。なわがどこにとぶか、見てみましょう。

補助力UP!

最初に保育者が、実践して見せましょう。なわの動きのおもしろさにも注目させると、楽しさアップ！

連続ハイジャンプ

高さのあるなわをとぶあそび。低い位置から始めましょう。

レベルUP ★ なわの高さは10㎝程度から始めて、だんだん高くしていきます。５歳児で、30㎝ぐらいまで挑戦！

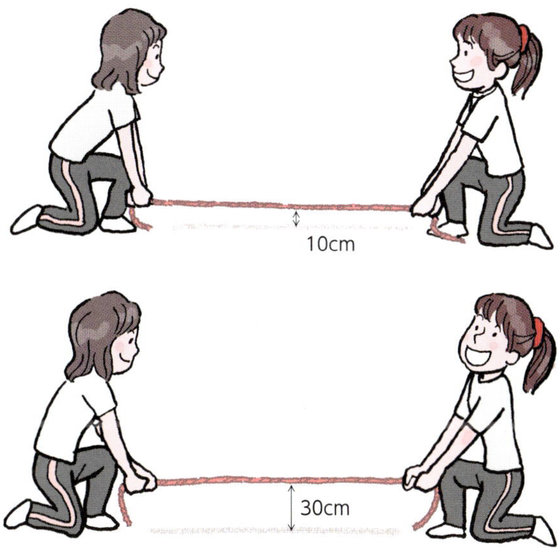

あそび方 ２人の保育者が持ったなわを、子どもがとび越えます。最初はなわをまたぐようにとんでもＯＫ。横向きで両足とびを連続してできることを目標に！

なわは持ち手がない方が自由な発想であそべて、なわに親しむことができるよ！

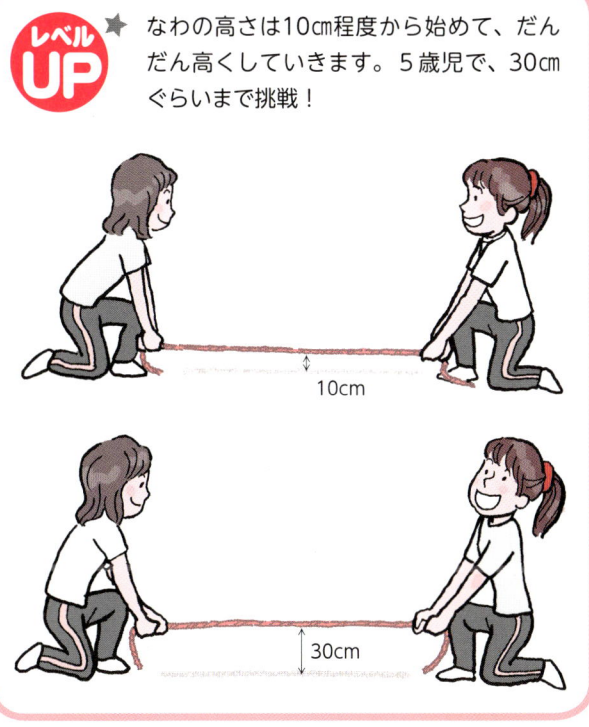

筋力 **瞬発力** 持久力

3 歳児　とび箱

「せ～の！」でタッチ

とび箱を使ったあそび。とび越えるより先に、まずはとび箱に親しむことが大切です。

あそび方

❶とび箱１段と、マットを用意します。子どもがとび箱の上に立ちます。

❷とび箱からジャンプし、空中で保育者とハイタッチ。保育者は子どもがタッチしやすい位置に手を差し出します。

筋力 **瞬発力** 持久力

4 歳児　とび箱

よじ登ってジャンプ

とび箱の上に手をつくことができれば、よじ登ることは可能です。足も使ってＯＫ。

あそび方

補助力UP!

万一、子どもがとび箱から落ちたときのことを考え、とび箱のそばで構えます。

❶とび箱４段とマットを用意します。とび箱の上に手をついてから、手足を自由に使ってとび箱の上に立ちます。

❷とび箱の上からとび降り、マットにしっかり着地します。

筋力 **瞬発力** 持久力

山越えジャンプ

5歳児　とび箱

とび箱１段を山に見立ててジャンプ。両足でとべば、とび箱の踏み切りの練習にもなります。

あそび方

とび箱１段とマットを用意します。助走をつけて両足で踏み切り、とび箱をとび越えます。

スタート　踏み切る　着地

＊グージャンプ…足を閉じてとぶこと。

レベルUP

２つ以上並べたとび箱を連続してジャンプします。このときも両足で踏み切ることを目標にしましょう。

スタート　踏み切る　着地

レベルUPでは、
２つ目のとび箱でも
補助をしましょう。
子どものタイミングに
合わせて移動してね。

筋力　瞬発力　**持久力**

フープにつかまれ～

3歳児　フープ

子どもがフープにつかまり、保育者が引っ張ります。
握力をつけることで鉄棒の導入にもなります。
できるだけ長く続けましょう。

あそび方

子どもがうつ伏せになり、保育者の持つフープの反対側をつかみます。保育者が後ろ歩きに進み、子どもが引きずられる形になります。

出発だぁ～
ビューン!!

安全POINT

・お互いに、急に手を離さないように。
・子どもの肩に負担がかかるので、フープを立てすぎないようにします。

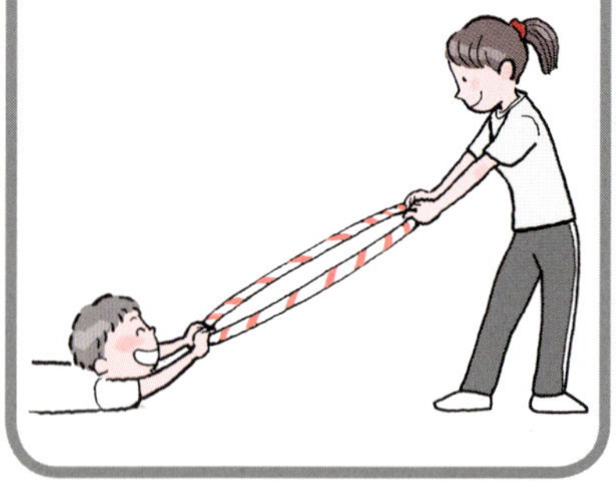

筋力　瞬発力　**持久力**

フープで引っ張れ～

4歳児　フープ

友達をフープで引っ張ります。
急に手を離さないように注意！

あそび方

２人１組で１人がうつ伏せになり、もう１人がフープを持ちます。うつ伏せの子がフープをつかんだら、立っている子が引っ張ります。

補助力UP!

保育者は、子どもの間に立って両者の様子をよく見ます。とくに、引っ張られる側が急に手を離すと危険です。フープから手を離すときは、必ず相手に伝えるように話しましょう。

しっかり
つかまって!!
いくよ～

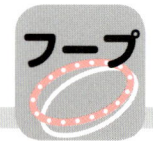

筋力 瞬発力 **持久力**

フープと競争

5歳児

フープ

転がるフープと子どもが速さを競います。保育者は子どもに合わせたスピードでフープを転がしましょう。

補助力UP!

フープの転がし方をマスターしましょう。できるだけまっすぐに転がします。

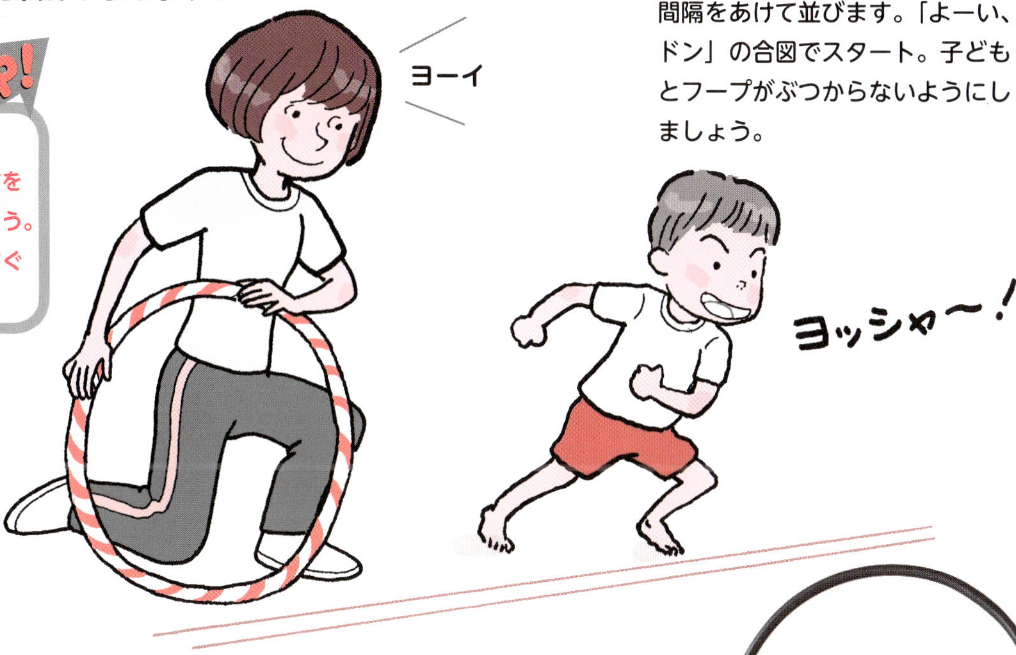
ヨーイ
ヨッシャ〜!

あそび方

スタート地点に保育者と子どもが間隔をあけて並びます。「よーい、ドン」の合図でスタート。子どもとフープがぶつからないようにしましょう。

それいけ〜!!
ゴール
スタート
ゴール

筋力　瞬発力　**持久力**

ぶら下がりインタビュー

3 歳児　**鉄棒**

子どもが鉄棒にぶら下がった状態を、しばらく保ちます。楽しみながら腕の持久力をつけましょう。

〈インタビューの内容例〉

Q　何歳ですか。
Q　好きな食べ物は？
Q　好きな色は？
Q　大きくなったら何になりたい？　など

あそび方

子どもが鉄棒にぶら下がり、保育者が質問します。質問の数は１つ～２つ。「こんにちは」から始まり、「ありがとうございました」で終了とします。

補助力UP!

子どもの様子をよく観察しながら質問しましょう。いつでも補助できる姿勢を保ちます。

●鉄棒のセッティング

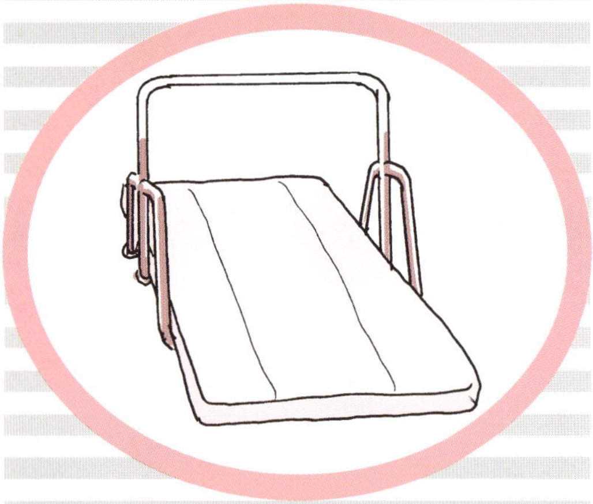

落ちたときの危険を少なくするため、鉄棒の下にはマットをしきます。鉄棒に支柱などがある場合は、それにかぶせるようにしきましょう。

●鉄棒のにぎり方

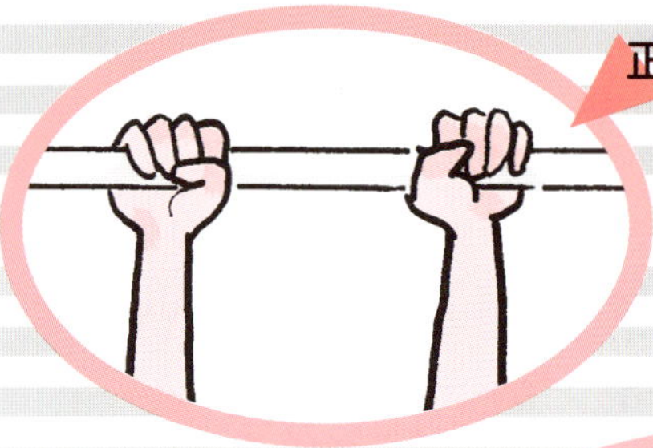

正しい

親指は下から、他の指は上から鉄棒をにぎる。

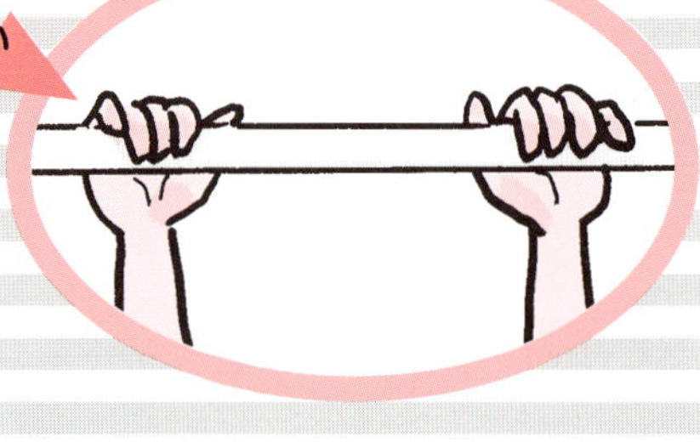

まちがい

親指を使わずに鉄棒をにぎっている。にぎる力が弱くなる。

筋力　瞬発力　**持久力**

ぶたの丸焼き対決

4歳児　鉄棒

鉄棒に腕と足でぶら下がり、じっとがまんします。長くぶら下がっていた方が勝ち。

補助力UP!

鉄棒の間で片ひざ立ちして落下に備えます。手を離すときは、先に足を降ろすように話します。

あそび方

並んだ鉄棒に向かい合ってぶら下がります。お互いを意識しながら、どちらが長くぶら下がっていられるかを競います。

筋力　瞬発力　**持久力**

つばめのしりとり

5歳児　鉄棒

１つの鉄棒に２人が並んで、しりとりあそび。どちらが長く続けられるかな？

補助力UP!

ひじが曲がったときには補助が必要です。

①ひじが曲がると、鉄棒でおなかが圧迫されてしまいます。

②落ちてきたら子どもの胸とおしりを手で支えて、ぐいっと持ち上げるようにします。

あそび方

ひじを伸ばしてからだを支え、鉄棒の上で「つばめのポーズ」。しりとりで負けるか、落ちたら終わりです。

筋力　瞬発力　持久力

マットのぞうきんがけ競争

4
歳児

マット

クラスのみんなで楽しむぞうきんがけ。マットをぞうきんのように進ませて速さを競います。

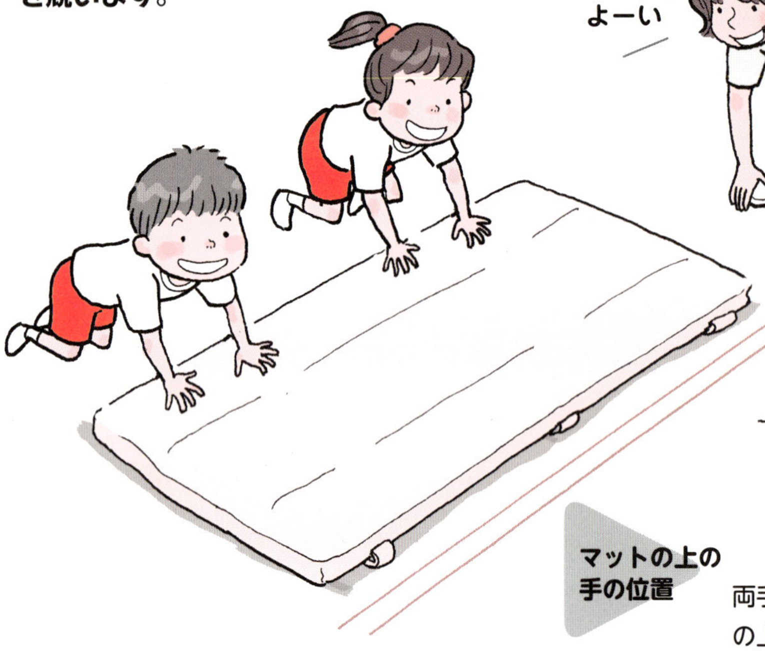

安全POINT

マットに手をつくときの手の位置に注意。指がマットの外に出てしまうと、巻き込まれてけがをすることもあるので、しっかりと上に置くよう、伝えましょう。人数は、マットの大きさや重さに合わせます。

マットの上の手の位置

正しい
両手の手のひらをマットの上にくっつける。

まちがい
親指がマットの縁にかかる。

リレー

あそび方

マットを２枚用意し、２チームに分かれます。２〜５人ずつマットを押し、リレーをします。保育者は、両方のスタート地点で様子を見守ります。

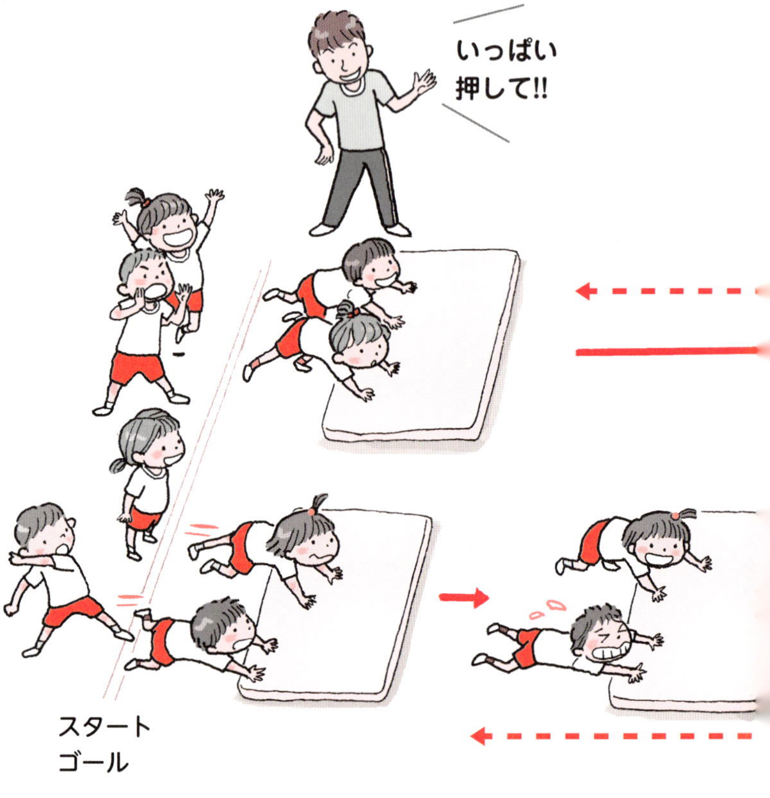

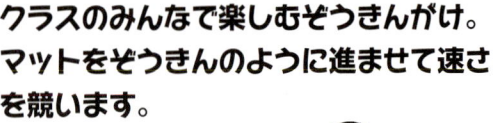

レース

あそび方

スタートとゴールを用意し、2～5人のチームごとに速さを競います。スタート地点とゴール地点の両方に保育者がいるのが望ましいですが、子どもに合わせて移動してもよいでしょう。

やった～！
スタート
ゴール

次のチームも
よーい！
わ～い
んばれ～

HIROMICHI
23
phenix

マットを押さない子は自分のチームを応援しよう。協調性を身につけると、クラスの雰囲気もどんどんよくなるよ！

筋力 瞬発力 **持久力**

マット畑のだいこんさん

3歳児　マット

子どもたちがだいこんと農家の人になって、力くらべ。
マットから手が離れたら、だいこんの負けです。

補助力UP!

声をかけて盛り上げます。農家の人役の子どもが乱暴にしないように、しっかり見守ります。

あそび方

だいこん役はマットの縁をつかんで、抜かれないようにします。農家の人は、足首をつかんで引っ張ります。

補助力UP!

マットは滑り止めのあるものを使います。なければ、動かないように保育者が押えておきます。

安全POINT

●だいこんの抜き方

両手で必ず足首を持って引っ張ります。乱暴に引っ張らないこと。

正しい

足は低い位置で後ろにまっすぐ引っ張ります。

まちがい

足を持ち上げすぎると、腰に負担がかかってしまいます。

筋力　瞬発力　**持久力**

マットでつなひき

5歳児　マット

つなではなく、マットの引っ張り合い。
自分の陣地にマットを引き込みます。

安全POINT

- 誰かが転んだらストップするように伝えます。
- 急に手を離さないように注意します。

あそび方

２チームに分かれて、それぞれ陣地を決めます。スタートの合図でマットの両端を引っ張り合います。陣地にマットを入れた方が勝ち。チームの人数は、マットの大きさや重さに合わせます。
保育者と子どもで対戦しても楽しいでしょう。

楽しくバランス！

調整力アップ

さまざまな動きをスムーズにできる能力が「調整力」です。調整力を構成する動きには、おもに柔軟性、平衡性、敏捷性、協応性、巧緻性があります。バランスよく身につけましょう。

柔《じゅう》軟《なん》性《せい》

(p.30〜43)

からだをやわらかく曲げたり伸ばしたりする能力です。柔軟性を高めると、けがをしにくくなります。

平《へい》衡《こう》性《せい》

(p.44～55)

からだの姿勢を均等に保つ能力です。からだのバランスをくずしたときにも、転ばないように体勢を整えられます。

敏《びん》捷《しょう》性《せい》

(p.56～65)

からだをすばやく動かし、方向転換ができる能力です。周囲の急な変化にも瞬時に反応して、対処できます。

協《きょう》応《おう》性《せい》

(p.66～77)

からだの２か所以上の部位を動かし、１つの動きにまとめる能力です。目と手の協応性、手と足の協応性などがあります。

巧《こう》緻《ち》性《せい》

(p.78～87)

からだを目的に合わせて正確に、巧みに動かす能力です。自分のイメージどおりにからだを動かせます。

柔《じゅう》軟《なん》性《せい》

柔軟性

ものまね変身ポーズ①

3歳児　マット

動物や虫のポーズで、しばらくストップ。
からだをそらしたり、丸めたりしましょう。

○あざらし

うつ伏せの姿勢から、腕を伸ばしてマットに手をつきます。胸をそらして、頭を上に。天井を見ましょう。

ひじを伸ばして
上を見てみよう！

〈悪い例〉
ひじは曲げないこと。胸をそらしにくくなります。

○だんごむし

からだをできるだけ丸くします。足を折り曲げて抱えたり、ひっくり返ったり。いろいろな姿勢を試してみて！

からだがやわらかいと、
けがをしにくく
なるよ！

柔軟性

ものまね変身アクション

4歳児　マット

ものの動いている様子や動作をまねします。
誰が一番似ているかな？

○ゴリラ歩き

❶足を開いて立ち、前かがみになって足首をつかみます。

❷足首をつかんだまま、前に進みましょう。ゴリラの顔まねをしても楽しい。

○携帯電話

❶足を伸ばして座り、片方の足を持ちます。携帯電話に見立てて、足のうらをプッシュ。

❷足のうらを耳に当て、電話のように会話します。友達と携帯電話ごっこをしても楽しい！

○しゃくとりむし

❶足を伸ばして座り、親指をつかみます。ひざは曲げないように！

❷そのまま、おしりを交互に少しずつ前に出して進みます。

柔軟性

ものまね変身ポーズ②

5
歳児

マット

足を大きく開いた状態でポーズをとります。
「ひもの」や「土」に見えたら大成功！

補助力UP!

最初は足を開くことも難しいので、無理をさせないように。繰り返すうちに、少しずつ開けるようになります。

○ひもの

足を開いて座り、上半身をダラーンと前に倒します。できるだけ力を抜くのが、「ひもの」に見せるコツ。

○土

手足を前後や左右に開いて、全身で「土」という漢字の形を作ります。

このポーズのまま、
上半身を前に倒すと
「ひもの」だよ。いろいろな
ポーズを考えてみよう！

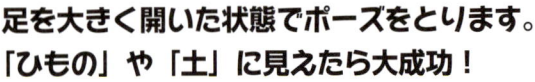

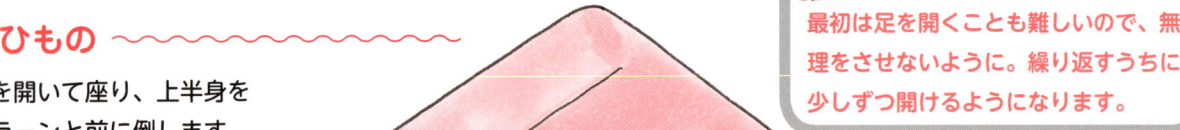

はさみだ チョッキン！

3歳児

鉄棒

からだ全体がはさみになったイメージで。
足は前後に、できるだけ大きく開きます。

あそび方

胸の高さほどの鉄棒につかまり、ジャンプして前後の足を入れ替えます。リズムをつけて楽しく！

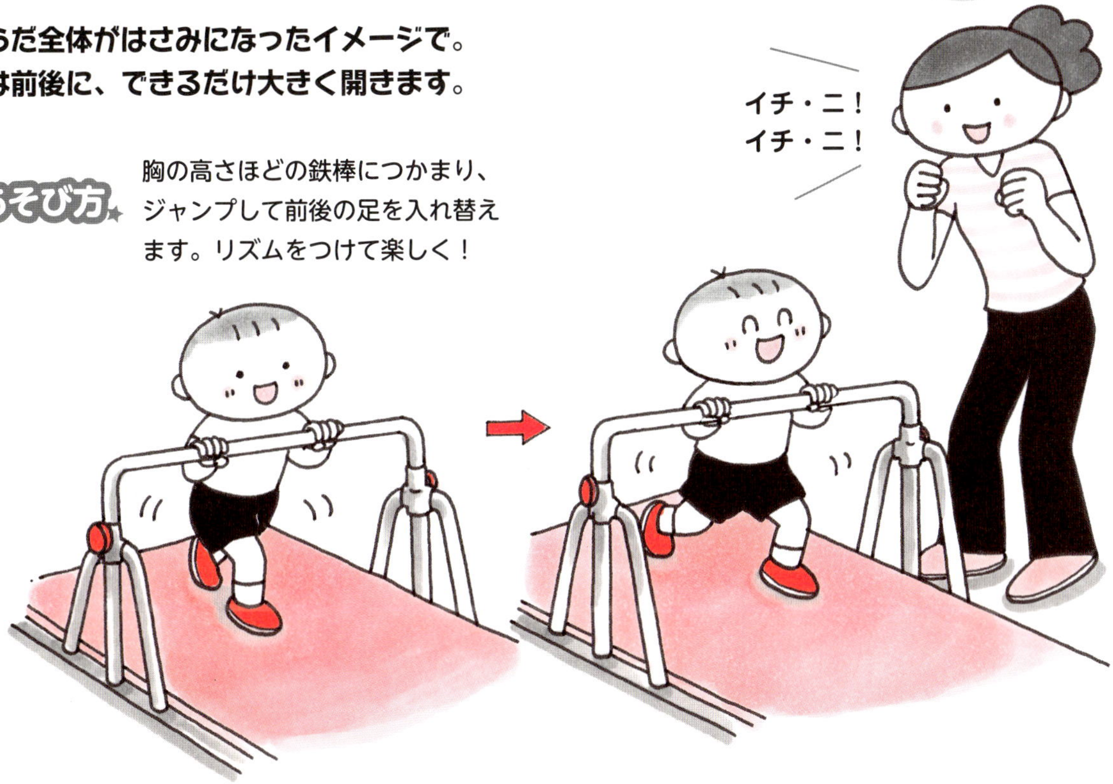

並んでくらべっこしよう！

１つの鉄棒に３人がつかまります。足を前後に大きく開き、誰が一番開けるか、くらべましょう。競い合うことで、楽しみながら柔軟性がアップします。

柔軟性

トンネルできた！

4歳児　鉄棒

鉄棒につかまって、トンネルを作ります。
頭を両肩の間に入れる「肩入れ」がポイント。

腕を伸ばして
大きいトンネルを
作ろう!!

あそび方

❶鉄棒につかまります。
鉄棒の高さは肩と同じ
くらいが目安。

トンネル

❷頭を下げて肩の間に入れます。
鉄棒とのすき間がトンネルです。

■みんなにくぐってもらおう！■

友達にトンネルをくぐってもらいます。何人くぐったか、何回くぐったかを数えても楽しいでしょう。

柔軟性

5歳児　鉄棒

鉄棒でY字バランス

片足をまっすぐ斜めに上げて立つ「Y字バランス」。鉄棒につかまって挑戦しましょう。

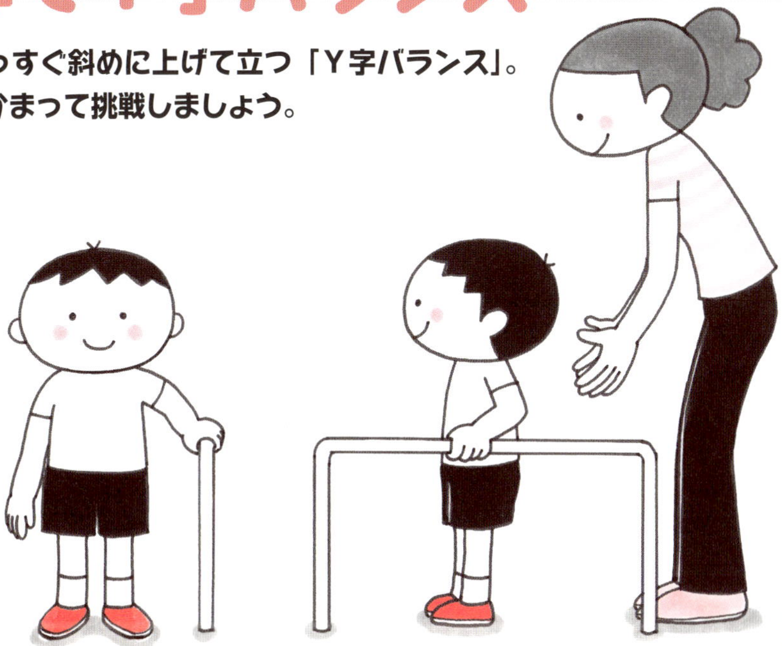

補助力UP!

片足を上げたときにバランスをくずしやすいので、いつでも支えられるように子どもの後ろで構えます。

あそび方

鉄棒の横に立ち、片手は鉄棒をにぎります。つかまった状態でバランスをとりながら、足のうらを持ってゆっくり上げます。

慣れてきたら、支えがなくてもY字のポーズができるよ！バランス感覚と柔軟性を養おう。

何度も挑戦しよう

初めのうちは、なかなか足が上がらないもの。ひざが曲がっていてもOKです。

何度も繰り返すうちに、足をまっすぐ伸ばしてバランスをとることができるようになります。

柔軟性

しゃがんでボールころころ

3歳児

ボール

ボールを転がしてあそびます。しゃがんだ姿勢を続けることで、足首とひざの関節を柔軟にします。

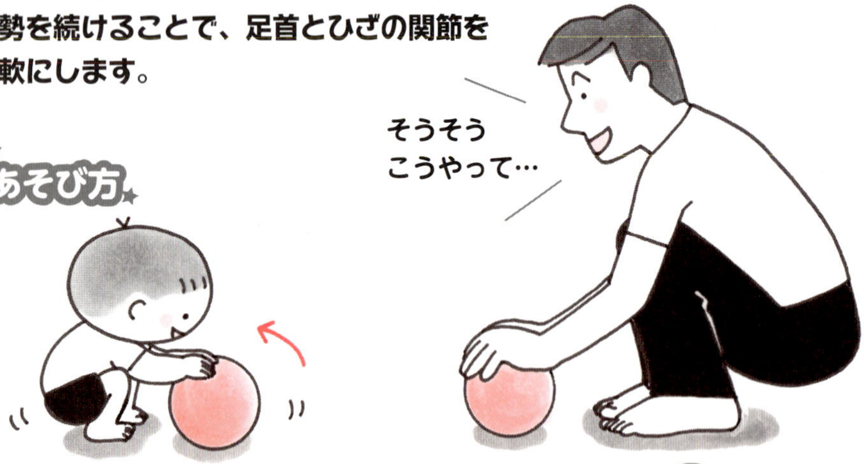

補助力UP!

保育者が手本を見せて、まねをしてもらいます。しゃがむ姿勢は、子どもにとっては慣れないもの。足を開いてバランスをとるように話しましょう。

あそび方

足を少し開いて、かかとをつけてしゃがみます。ボールを手で転がしながら、からだの周りを1周させましょう。右回り、左回りを繰り返し行います。

安全POINT

室内でボールを使うときは、ソフトなものを選びます。ドッジボール用などのかたいボールは、ものやガラスにぶつかったときに危険なことがあります。

柔軟性

座ってボールころころ

4歳児

ボール

床に座ったまま、ボールを転がします。前方を転がすときにも、足はまっすぐに！

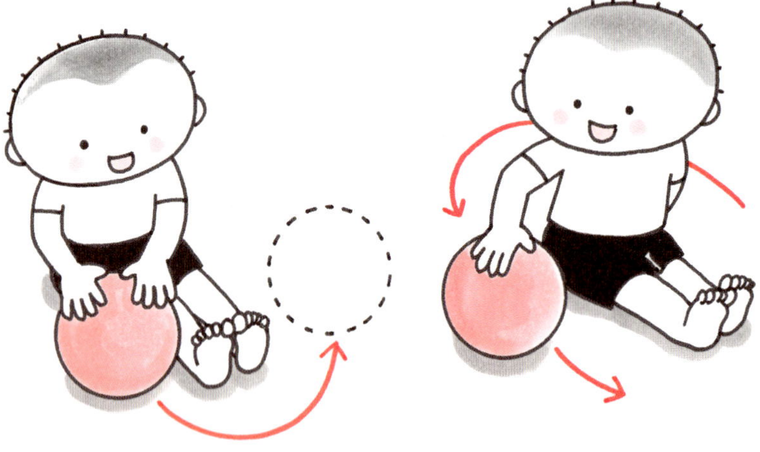

レベルUP

開脚して転がします。からだを前方に倒す「前屈」の割合が多くなります。

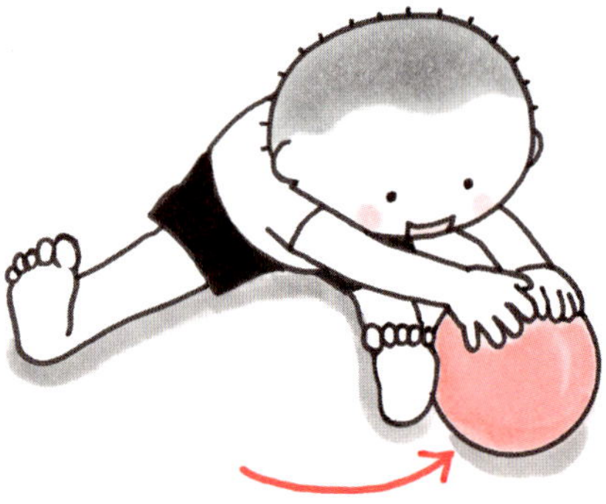

あそび方

足を伸ばして床に座ります。ボールを手で転がしながら、からだの周りを1周。ひざを曲げないようにしましょう。

ボール手渡し

5歳児　ボール

背中合わせになって、ボールの受け渡しをします。投げずにしっかり手渡しを！

○下から渡す

2人1組になり、背中合わせに立ちます。少し足を開いて、その間からボールの受け渡しをしましょう。タイミングを合わせるため、声をかけます。相手が受け取ったのを確認してから、手を離します。

○上から渡す

頭の上でボールの受け渡しをします。少し背中をそらして、相手に声をかけましょう。相手の手にボールが渡ったのを確認してから、手を離します。

○横から渡す

❶2人が同じ方向を向いて、ボールの受け渡しをします。横を向くときは腰をひねり、足の位置は動かさないように。

❷❶とは反対の方向でも行います。どちらの方向を向くかは、あらかじめ決めておきましょう。

補助力UP!

足が曲がったり、足の位置が動いたりしていないかをチェックしましょう。「下どうぞ」「横どうぞ」などの声かけも、保育者が行うことでタイミングを合わせやすくなります。

レベルUP★

- 2人の位置を少し離す。
- それぞれ同じ側にからだをひねって受け渡しをする。「右どうぞ」「左どうぞ」と言って受け渡し。

〈交差例〉
2人とも自分の「右側」にからだをひねる。

柔軟性

ズボンはき

3 歳児　なわ

ズボンをはくような動きから肩の柔軟性を高める動きに発展させます。繰り返し、あそびましょう。

あそび方

なわを半分に折り、両端をそれぞれ持ちます。片足ずつなわをまたいで、そのまま背中から上に手を上げます。声を出しながら、リズムをつけて行いましょう。

またいで
またいで…
バンザーイ!!

柔軟性

2人でぎっこんばったん

4 歳児　なわ

シーソーのように2人で向かい合って行います。かけ声をかけて、テンポよく。

あそび方

２人１組になり、足のうらを合わせて座ります。足を少し開いて、まっすぐに伸ばすのがポイント。半分に折ったなわの両端をそれぞれ持ちます。１人が引っ張ると、もう１人は前屈。交互に繰り返します。

ギッコン
バッタン！

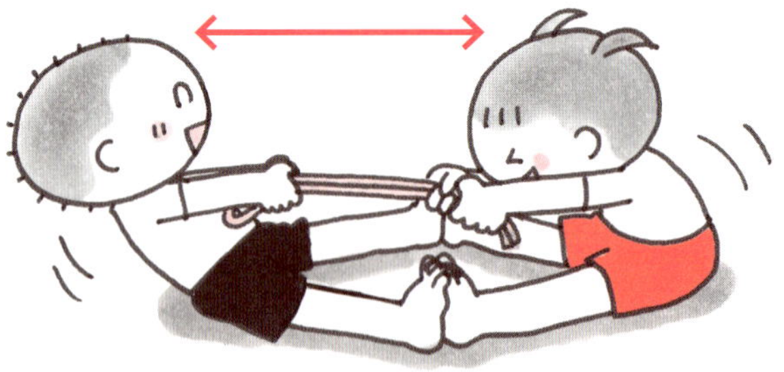

柔軟性

2人でなべなべそこぬけ

5 歳児　なわ

わらべうた「なべなべそこぬけ」に合わせて、なわを動かします。2人で息を合わせて！

補助力UP!

向きを変えるとき、最初に右回りをしたら、次は左回りにするなど、1つの方向に偏らないようにします。また、どうしたらなわがからまないか、どうしたら元に戻れるかを2人で考えながらできるようにしましょう。

あそび方

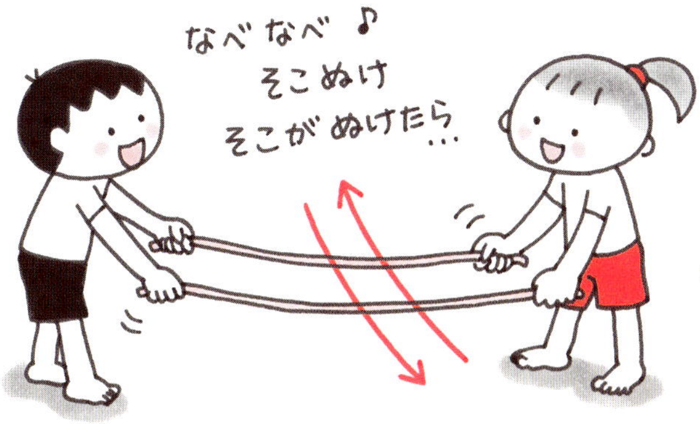

なべ なべ ♪
そこぬけ
そこが ぬけたら…

❶2人1組で向かい合います。2本のなわを持って、なわが少したるむくらいの間隔で。「なべなべそこぬけ」とうたいながら、なわを左右に振ります。

かえりましょ ♪

❷「かえりましょ」のタイミングで片手を上げてなわをくぐり、半回転して背中合わせに。

「かえりましょったらかえりましょ」と2回声をかけると、1周できちゃうよ。あそびながら肩の柔軟をしよう！

❸背中合わせでもう1度うたい、「かえりましょ」のタイミングで向かい合わせに戻ります。繰り返し、あそびましょう。

柔軟性

ねこだよ！ ねずみさん

3歳児

からだを使って

子どもたちは、小さなねずみです。こわーいねこが現れたら、からだを丸くしてかくれます。

○ねずみのポーズ

ひざを曲げて足のうらを合わせて座り、足を手で持ちます。

○かくれるときのポーズ

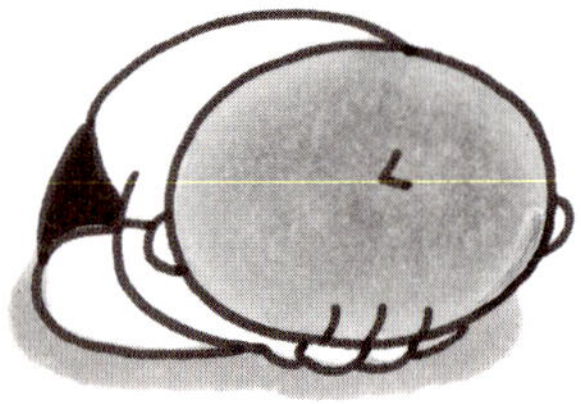

その場でからだを丸くして、顔をかくします。

あそび方

まずはねずみのポーズをします。ねこが現れたら、すぐにかくれましょう。ねこがいなくなったら、またねずみのポーズに戻ります。ねこに見つからないように、繰り返してあそびます。

補助力UP!

保育者も一緒にねずみのポーズをします。「ねこがきた」と言ってかくれ、子どもたちがかくれるとねこになって「ねずみはどこかな？」などと話しかけます。

柔軟性

ものまね氷おに

4歳児　からだを使って

「おに」にタッチされると凍ってしまう氷おにのあそびを、ものまねポーズで行います。

○だんごむしのポーズ （→p.30）

○あざらしのポーズ （→p.30）

○おじぞうさまのポーズ

足のうらを合わせて座ります。右手は親指と人さし指で輪を作り、左手は開いて上に向けます。

タッチされたら
だんごむしの
ポーズだよ

わーにげろー
わー
わー
だれかー
ちょっと
まってー
氷とけた…
ありがとう

あそび方

❶まずは保育者がおにになります。ゲームを始める前に、おににタッチされたら何のポーズになるのか決めておきましょう。

❷おににタッチされたら、凍ってしまって動けません。ものまねポーズのままストップします。

❸慣れてきたら、子どもがおにになります。制限時間を設けて、おにを交代しましょう。

氷になっても、まだつかまっていない子にさわってもらえれば氷がとける、というルールにもできます。

柔軟性

じゃんけん足開き

5歳児

からだを使って

クラスのみんなで楽しめる、じゃんけんゲーム。じゃんけんで負けが続いても、手を床につかないように、バランスをとってがんばりましょう。

まっすぐに立った状態からスタート。じゃんけんで負けるたびに、足を開いていきます。どのくらいずつ足を開くかを、決めておきましょう。

あそび方

❶2人でじゃんけんを繰り返します。じゃんけんで負けた人が足を開いていきます。

❷バランスをくずして、先に床に手をついた方が負けです。

○2人1組で対戦

子ども同士、2人1組のペアを作ってじゃんけん。子どもの人数によっては、保育者もペアに加わります。

○保育者とじゃんけん

保育者対クラス全員でじゃんけんをします。保育者は負けてもそのまま。負けた子どもたちだけが足を開いていきます。あいこの場合はセーフです。

グーだよ！
チョキの人は
開いてね！
まけた…
はじめて
かった

足を開くときは、
つま先・かかとの順で
開くとルールがわかり
やすいよ！
さぁ、どこまで足が
開くかな？

平《へい》衡《こう》性《せい》

平衡性

つま先・かかと・ひざで歩こう！

3歳児　マット

足のいろいろな部分を使って、マットの上を歩きます。少しずつスピードアップを！

あそび方

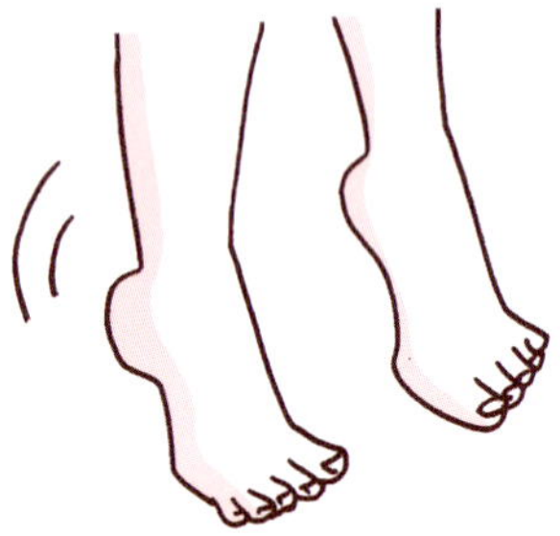

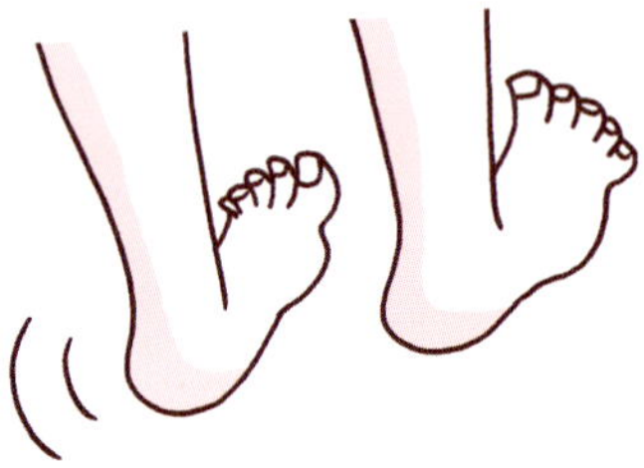

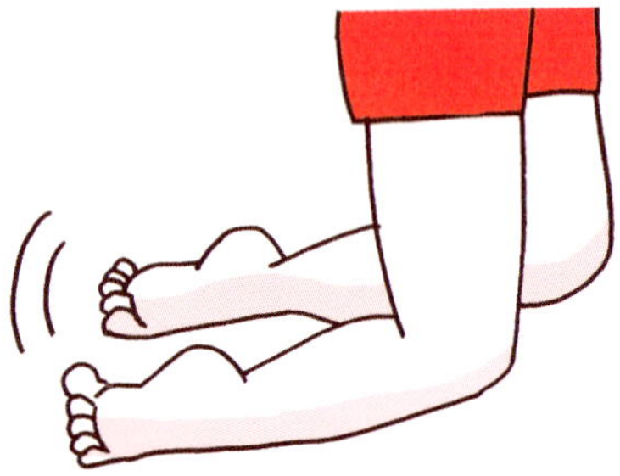

○つま先歩き

つま先立ちで歩きます。ちょっと背が高くなって、さっそうと！

○かかと歩き

かかとだけで立って歩きます。バランスをとりながら前に進みましょう。

○ひざ歩き

ひざから下をマットにつけて、前に進みます。前かがみになりやすいので注意！

補助力UP!

保育者はマットの横で立てひざをついて構えましょう。ひざ歩きは前に転びやすいので、とくに注意！　倒れそうになったら手で支えます。

平衡性

焼きいも、焼けたかな？

4歳児　マット

さつまいもとじゃがいもになって、マットの上を転がります。立ち上がるとき、かっこよくポーズを決めましょう。

補助力UP!

立ち上がるときに、目が回ってよろけやすいので、子どもを支えられるよう、マットの終わりで構えます。

○さつまいも　ごろごろ

マットの上で仰向けになり、手足を伸ばします。マットの端まで転がって、床の上でパッと立ち上がります。

○じゃがいも　ころころ

マットの上で横になり、ひざをかかえて転がります。マットの端まできたら、立ち上がってポーズ！

平衡性

マットから落ちないで！

5歳児　マット

長いマットを使って行うバランスあそび。保育者が声をかけながら、しっかりサポートを！

あそび方

マットを端からぐるぐる巻いて、なわをしっかり結びます。結び目がマットの下にくるように置きます。

補助力UP!

できるだけ保育者が２人で、両脇から補助に当たります。片手でマットを押え、もう一方の手でいつでも子どもを支えられるようにしておきます。

❶座った姿勢から始めます。

❷両手をつき、両足をマットの上にのせます。

❸ゆっくり立ち上がります。

平衡性

3歳児　なわ

一本橋とぐねぐね橋

平均台につながる運動あそび。なわの特性を活かして、いろいろな形の橋を渡りましょう。

その
調子！

あそび方

◯一本橋

なわを１本、まっすぐに伸ばして床に置きます。その上を慎重に歩きます。高さがないので、はみ出してしまっても安心です。

◯ぐねぐね橋

なわを好きな形にして床に置きます。できるだけ曲線や角度をつけると、おもしろいでしょう。

平衡性

4歳児　なわ

バランス歩き

頭の上などに、なわをのせて歩きます。なわが床に落ちないように！　ももや足首にものせてみましょう。

どうしよう

❷顔の上などにずり落ちてきても、できるだけ長く落とさずに進みましょう。

あそび方

あー落ちそう
落ちた

サッカーみたい

❶何回か折って軽くまとめたなわを、頭の上にのせて歩きます。

平衡性

座って立って、大成功!?

5歳児　なわ

なわを頭の上にのせたまま、立った状態から落とさずに座ります。慎重に！

補助力UP!

保育者がまずやって見せます。なわを落とさないためにはどうするか、子どもたちが考えながらできるようにしましょう。

あそび方

❶頭の上になわをのせ、まっすぐに立ちます。

❷なわがずれないように注意しながら、ひざを曲げます。

❸ゆっくり体操座りに。ここまでなわが落ちなければ、ひとまず成功！

レベルUP

座った姿勢から、もう１度立ち上がってみましょう。成功したら、立ったり座ったりを繰り返します。

安全POINT

この本で使う「なわ」には、持ち手がついていません。なわを振り回したり引っ張ったりと、いろいろな使い方をするので、持ち手が子どもに当たる危険を避けるためです。

なわは、とぶだけの道具じゃないよ。平衡性や柔軟性、集中力を身につけることもできるんだ！

平衡性

ものまね歩き（忍者・かに）

3 歳児

平均台

平均台の上で忍者やかにのまねをします。
それぞれの特徴を上手にとらえて！

あそび方

○忍者歩き

平均台に乗り、人さし指を立てて呪文を唱えるポーズ。そのままつま先で歩きます。

補助力UP!

保育者は、子どもに合わせて一緒に歩きます。子どもの様子を見ながら後ろ歩きに。平均台から落ちないように注意します。

○かに歩き

平均台に乗って、横向きになります。両手ははさみで、腕を上げて横歩き。歩くテンポに合わせて、はさみを動かしてもOK。

安全POINT

平均台の下と着地点の床には、マットをしくようにします。マットが１枚しかない場合は着地点のみにしき、平均台の上では保育者がしっかりと補助します。

補助力UP!

子どもと向き合って、かにのポーズで少し先を歩きます。子どもが足を踏みはずさないように、足元に注意しましょう。

わにさん、起きないで

3歳児　平均台

橋の下でわにが眠っています。起こさないように、静かに渡り切りましょう。気をつけながら進むことで、集中力も高まります。

あそび方

平均台の下に、わに役の保育者が入って眠っているふりをします。子どもたちは、音をたてないように平均台の上を歩きます。補助役の保育者が必ずつくようにしましょう。

補助力UP!

平均台の上で何人も並ぶと危険なこともあります。１人ずつ順番に平均台に乗るようにしましょう。順番を守ってあそぶことも大切です。

補助力UP!

わに役の保育者は、時々あくびやくしゃみをしたり、寝返りをうったりして、子どもをハラハラさせます。ただし、急におどろかすと危険なので、激しい動きは避けましょう。

渡っていない人は
渡っている人を
応援しよう。
団結力が生まれるよ！

安全POINT

平均台の高さは、子どもの身長に合わせるのが一番。高すぎると、子どもが恐怖心をもってしまうこともあります。平均台が高すぎる場合は、マットを重ねてしいて、高低差を減らすなどしましょう。

平衡性

障害物越え

4歳児

平均台

平均台の上にある障害物を越えるにはどうしたらいいか、考えながら進みます。

あそび方

○くつ・ブロック

小さな障害物として、くつやブロック（積み木）などを置きましょう。最初は１つから、２つ、３つと増やしてもＯＫ。

補助力UP!

ジャンプすると危険なので、またぐように促します。障害物で歩くリズムが変わるときにバランスをくずしやすいため、保育者がそばに立って補助します。

○人

保育者が平均台にまたがって障害物になり、子どもは保育者のからだを越えていきます。簡単には越えられないため、保育者の肩や腕につかまるなど、工夫が必要です。

補助力UP!

保育者は障害物になりますが、補助の役割もします。子どもがバランスをくずしたとき、落ちないようにしっかりと腕で支えましょう。

平衡性

平均台でおっととと

5歳児

平均台

マットでは簡単でも、平均台の上では難しい動きです。
上手にバランスをとりながら行いましょう。

あそび方

○真ん中でターン

両手を上げてバランスをとりながら平均台の上を歩きます。真ん中にさしかかったら、ゆっくり１回転。そのまま歩き、平均台を降ります。

補助力UP!

ターンのときにバランスをくずしやすくなります。いつでも補助できるように、両手を出して構えましょう。回転するタイミングは指示を出してもOK。

○体操座り

平均台の上を歩きます。真ん中あたりで止まって体操座りをしましょう。立ち上がって、また歩きます。

補助力UP!

いつでも補助できる体勢で、子どもの斜め前に立ちます。平均台の上から降りるときに、気がゆるんでけがをしやすいので注意しましょう。

○うつ伏せ

平均台の上を歩き、真ん中あたりでゆっくりとうつ伏せになります。起き上がったら、さらに歩き、平均台を降ります。

平衡性

○○○さんが、ころんだ

4歳児

からだを使って

飛行機かフラミンゴ、言われたポーズで止まりましょう。

あそび方

基本ルールは「だるまさんがころんだ」と同じです。「だるまさん」が「飛行機」か「フラミンゴ」に替わり、おにが言ったポーズでストップします。

○飛行機のポーズ

両手を広げ、片足を後ろに伸ばします。どちらの足で立ってもかまいません。

○フラミンゴのポーズ

両手を広げ、片足を曲げてバランスをとります。美しく立ちましょう。どちらの足で立ってもOK。

おにに「動いた」と言われた子は、おにの近くに集まります。最後まで残った人が勝ち！

レベルUP

1～9までの数字の形でポーズをとります。おにが言った数字の形を、すぐにからだで作ります。数字の形は、子どもの表現力や想像力にまかせるとよいでしょう。
例として、次のような形が考えられます。

1
いち
2
に
3
さん
4
し
5
ご
6
ろく
7
しち
8
はち
9
きゅう

動くだけが運動ではないんだ。光と影があるように、運動には動と静があるよ。静の動きもぜひやってみてね！

平衡性

つるさんとかめさん

3
歳児

からだを使って

２つのポーズを覚え、保育者の言うポーズを反射的に行うあそびです。

○つるのポーズ

手首を曲げたまま斜め上に。片足を上げて立ちます。

○かめのポーズ

しゃがんだ姿勢で、ひざをかかえるように小さくなります。

あそび方

保育者が「つるさん」と言うと子どもたちはつるのポーズ、「かめさん」と言うとかめのポーズになります。保育者が時々フェイントをかけると、楽しいでしょう。

平衡性

ケンケンずもう

5 歳児

からだを使って

長いなわなどで土俵を作って、ケンケンですもう大会をしましょう。

あそび方

片足で立ち、背中合わせになって押し合います。

補助力UP!

大ずもうのように「呼び出し」から始めると盛り上がります。「ひが～し、じゅんの山～」「に～し～、まりの海～」などと、子どもの名前を、おすもうさんのように呼びます。

安全POINT

次のような行為は、危険なため禁止します。

- パンチ
- ひじ打ち
- キック
- 引っ張る　など

この他、保育者が見て危険と判断した場合は、すぐに取り組みをストップさせましょう。

ルール

次のような場合には、負けです。

土俵から出た

両足をついた

手をついた

筋力
瞬発力
持久力
柔軟性
平衡性
敏捷性
協応性
巧緻性

敏《びん》捷《しょう》性《せい》

敏捷性

どの色のおうちかな

3歳児　マット

赤と青など、2色のマットを使ってあそびます。マットをおうちに見立てた声かけをすると楽しいでしょう。

赤いおうちに
お引っ越し
よーい、ドン！

あそび方

❶2色のマットを並べます。
❷保育者が言った色のマットに向かって1人ずつダッシュ！
❸マットの上に乗り、順に並んで座ります。

敏捷性

タッチでゴー

4歳児　マット

スタート地点とマットを、ダッシュで往復します。マットでのタッチもすばやく！

手で
タッチ

あそび方

❶マットを1枚用意します。
❷スタート時に保育者が「手でタッチ」「おしりでタッチ」「おへそでタッチ」などと、指示を出します。
❸子どもは指示されたからだの部位でマットをタッチして、スタート地点に戻ります。

おぼえてダッシュ

5歳児　マット

2つ以上の条件を覚えて、マットにタッチして戻ってきます。頭とからだを使ってあそびましょう。

あそび方

2色のマットを並べます。スタート時に保育者が「赤を、手とおしりでタッチ」など2つ以上の条件を言い、子どもたちはそれに従ってタッチをして戻ります。

補助力UP!

「赤におでこ、青におしり」「赤に手、青におへそ」「赤に手とおへそ」など、いろいろなパターンを考えましょう。

●タッチの種類

おでこでタッチ

おへそでタッチ

おしりでタッチ

敏捷性

フープにさわらないように

3歳児

フープ

並んだフープの中を、フープを踏まないようにすばやく走ります。

あそび方

フープを床に並べ、その中を走ります。フープは子どもの歩幅に合った大きさのものを使いましょう。

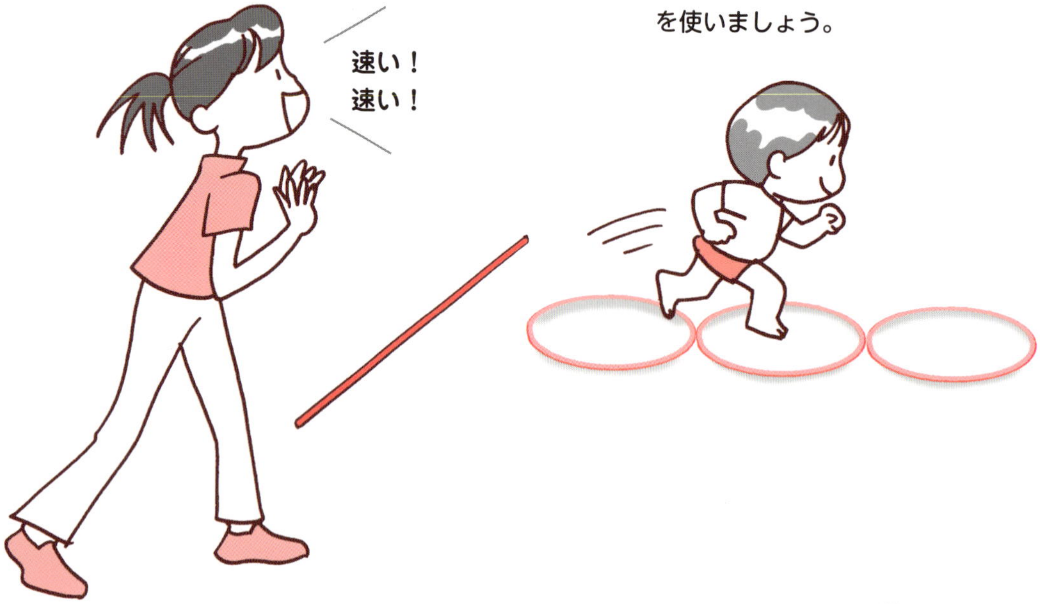

敏捷性

はらはらダッシュ

4歳児

フープ

回転するフープが倒れる前に、ダッシュで戻ってきます。集中力もアップ！

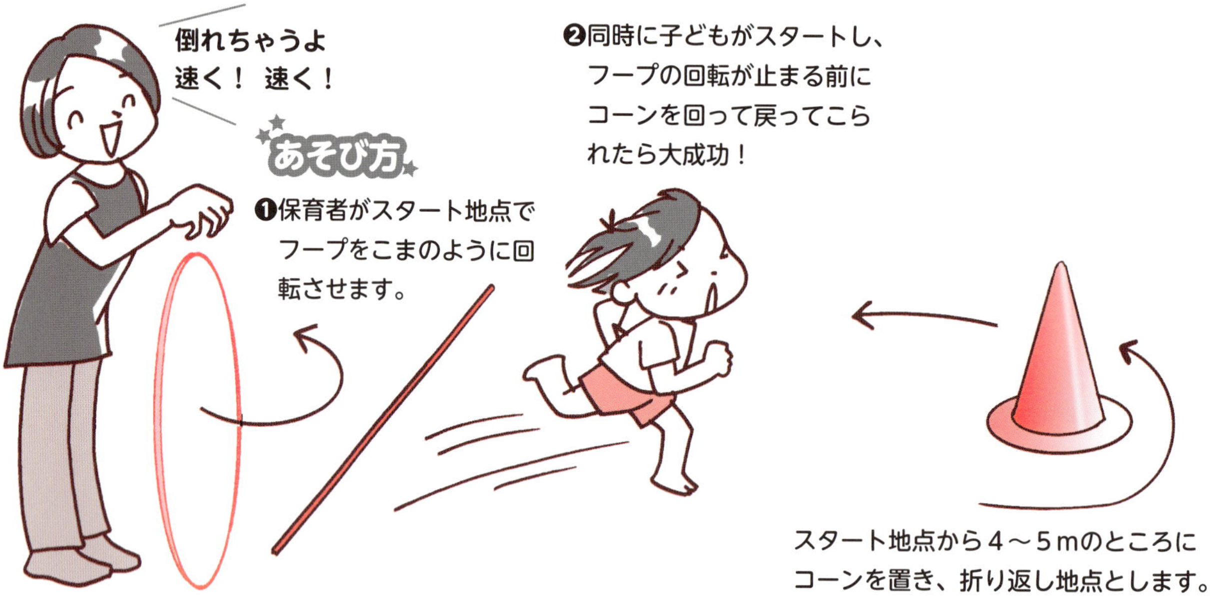

あそび方

❶保育者がスタート地点でフープをこまのように回転させます。

❷同時に子どもがスタートし、フープの回転が止まる前にコーンを回って戻ってこられたら大成功！

スタート地点から４～５mのところにコーンを置き、折り返し地点とします。

敏捷性

くぐり抜けろ！

5歳児　フープ

フープの輪の中にとび込んで、通り抜けるあそび。タイミングを合わせて！

あそび方

❶保育者が子どもの前方にフープを転がします。

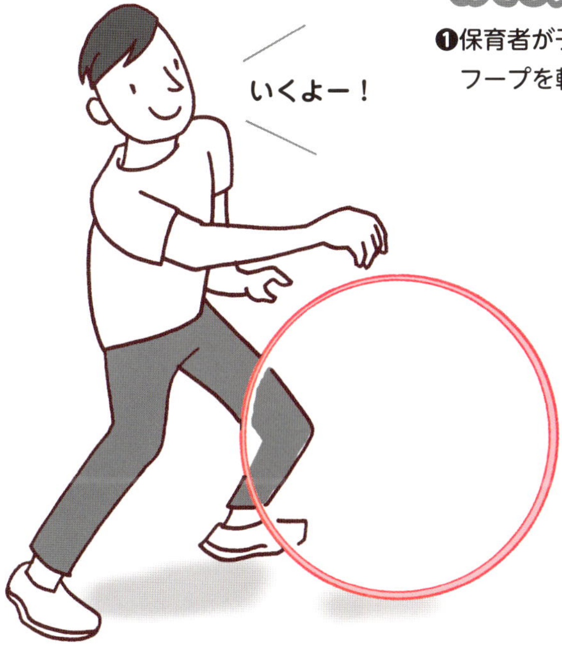
いくよー！

くぐるぞー

❷フープの中にからだを入れ、そのまま通り抜けます。

❸フープに触れずに通り抜けられたら大成功！

わーい
通れたー！

補助力UP!

フープを転がすとき、バックスピンをかけるとよいでしょう。フープが倒れにくく、子どもがフープの動きをとらえやすくなります。

安全POINT

スペースが広く、人がいないところで行います。子どもの進行方向にも人がいないことを確かめましょう。

フープの通り抜けあそびは保育者の投げる技量が求められます。子どもたちに楽しんでもらうには、事前にこっそり練習してね。

phenix

敏捷性

落とさずキャッチ

3
歳児

なわ

反射的に手を動かして、なわをつかむあそびです。何度もトライして。

あそび方

❶2人1組になり、1人がなわを持って差し出します。もう1人は両手を出して構えましょう。

❷なわを持った子が「1、2、3」で、なわを離します。もう1人は手を合わせて、なわをつかめたら大成功。タイミングが合わなければ、なわは下に落ちてしまいます。

敏捷性

くるくるなわにつかまるな

4
歳児

なわ

ジャンプしたりしゃがんだりして、なわを避ける動きをします。なわをよく見て！

あそび方

❶保育者が低い姿勢になり、半分に折ったなわを低く左右に振ります。子どもはジャンプして避けます。

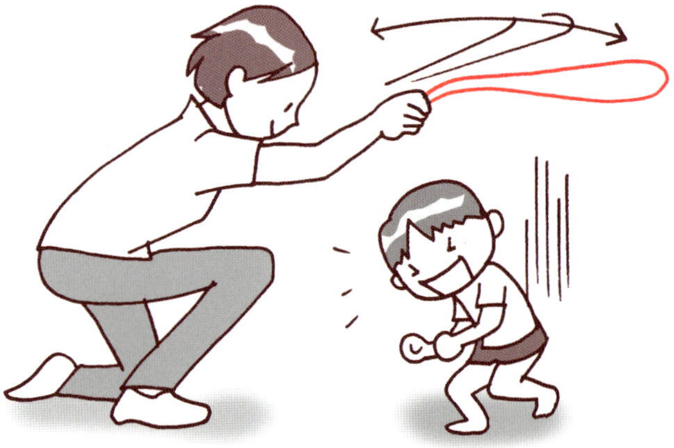

❷❶の姿勢のまま、手を上げて子どもの背の高さより少し低い位置でなわを左右に振ります。子どもは身をかがめて、なわを避けます。

しっぽ取り

5歳児　なわ

なわを「しっぽ」に見立ててあそびます。しっぽを取られないように、逃げましょう。

●しっぽのつけ方

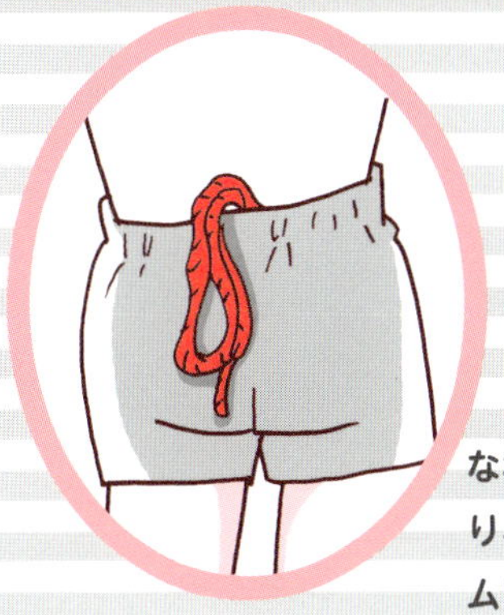

なわを４つに折り、ズボンのゴムにはさみます。

ルール

- しっぽを取るとき、相手のからだはさわらない。
- しっぽを取るとき、相手の服を引っ張らない。
- しっぽを取られないように、壁におしりをつけているのは禁止。

あそび方

自分のしっぽを取られないように逃げながら、他の人のしっぽをできるだけたくさん取ります。取ったら、その場にポイ。しっぽを取られた人は、１か所に集まって応援します。

補助力UP!

最初は保育者がおにになって、子どもたちのしっぽを取りに行きます。このとき、しっかりルールを伝えるようにしましょう。

敏捷性

ばくだんゲーム

3歳児　ボール

**ばくだんボールにスイッチオン！
ドッジボール同様、ボールに当たらないように逃げます。**

ばくだんがきたよー!!
最後までおうちに残った子がチャンピオンだよ
わー
くるよー

補助力UP!

ボールの空気口を「ばくだんのスイッチ」と言って、目の前でスイッチを入れる演出をします。終了のときにはスイッチオフ。子どもたちは本気で逃げてくれます。

・おうち
「おうち」は、床や地面にラインを引いて作ります。円形でも四角形でもかまいません。

あそび方

❶子どもの人数に合わせた広さの「おうち」を作ります。保育者が、「ばくだん」に見立てたボールを、「おうち」の中に何回か転がします。

❷子どもたちは、ボールに当たらないように逃げます。当たってしまった子は、外の「応援席」に移動します。

がんばれー

・応援席
マットをしくか、四角くラインを描いておきます。

敏捷性

ボール投げ合い合戦

4 歳児　ボール

ボールを相手に当てるのではなく、投げるのが目的です。できるだけたくさん、ボールを投げましょう。

保育者（審判）

●コート

①２チームに分かれます。
②コートの広さは人数に合わせます。
③小さいボールを、それぞれの陣地に散らします（人数の倍程度）。

●使用するボール

小さめの、やわらかいボールを使います。新聞紙を丸めたものでもＯＫ（子どもに１人２個ずつ作ってもらってもいいでしょう）。

あそび方

❶スタートの合図で、子どもたちがボールをひろって相手の陣地に投げ入れます。
❷終了の合図でストップ。自分の陣地のボールをひろい集めます。
❸ボールの数が少ない方が勝ち。

**ボールを
投げる楽しさを
味わおう！**

敏捷性

的当てドッジボール

5 歳児

ボール

自分の陣地の的を守りながら、相手の的を倒します。チームでの作戦がものをいいます。

●コート

①２チームに分かれます。

②コートの広さは人数に合わせます。普通のドッジボールとちがい、外野はありません。

③陣地の一番奥に、的を置きます。

●「的」となるもの

・コーンまたはペットボトルなど

・積み木

大きな積み木の上にペットボトルなどをのせたものを的にします。ペットボトルには赤や青の色をつけた水を少し入れておくと、安定します。

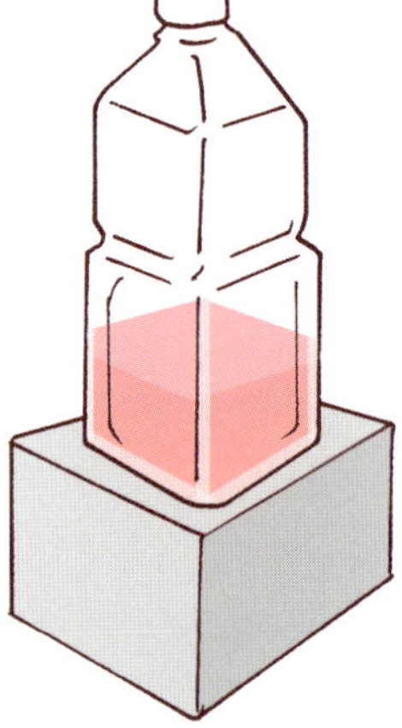

あそび方

❶相手チームの人か的にボールを投げます。ボールを当てられた人は、審判の横のスペースに移動します。

❷ボールを当てられた人は、自分のチームの人がボールをキャッチしたら、全員陣地に戻ることができます。

❸相手チームの人全員にボールを当てる、または相手の陣地にある的にボールを当てて、倒した方が勝ちです。

作戦を立てよう

このゲームに勝つには、チーム内で作戦を立てましょう。例えば「ボールを投げる役」と「的を守る役」など、分担を決めると効果的です。また、人にボールを当てるより、的を倒すことにねらいを定める作戦も考えられます。

普段ドッジボールが苦手な子どもでも、役割が決まっていると参加しやすくなるよ。

協《きょう》応《おう》性《せい》

協応性

ジャンピング拍手

3歳児　とび箱

ジャンプしながら別の動作を。とび箱の上からマットに着地するまでに、手をたたきます。

あそび方

とび箱１段とマットを用意します。とび箱の上に乗り、両足でジャンプ。宙に浮いている間に手をたたきましょう。

補助力UP!

子どもの動きに合わせて、保育者も動きます。着地のとき、バランスをくずしたら支えられるようにします。

協応性

ジャンピングタッチ

4歳児　とび箱

とんで宙に浮いているときに、足をタッチ。ひざ、かかと、つま先の順に難しくなります。

あそび方

とび箱１段とマットを用意します。とび箱の上から両足でジャンプし、着地する前に足をタッチしましょう。

○ひざタッチ

ひざを曲げ、両手を前に出して両足のひざをタッチします。

○かかとタッチ

両手を後ろに下げて、かかとをタッチ。

○つま先タッチ

足を伸ばしてジャンプし、両手でつま先をタッチします。

ジャンピングターン

5歳児

とび箱

180度回転して、後ろ向きで着地します。
空中でからだをひねるのがポイント。

補助力UP!

とび箱からジャンプするタイミングがとりにくいときは、保育者が「1、2、3、ハイ！」などと声をかけます。着地のときにふらついたら支えます。

あそび方

とび箱1段とマットを用意します。ジャンプしてからだをひねり、向きを変えながら着地。後ろ向きに着地できたら大成功です。

レベルUP

空中で360度回転して前向きに着地します。
半回転のジャンピングターンを何度もするうちに、コツがつかめてくるでしょう。

協応性

プロペラ移動

3
歳児

なわ

からだの横や頭の上でなわを回しながら、歩いたり走ったり。
次ページの「走りとび」につながります。

あそび方

❶なわを４つに折って、からだの横で回しながら歩きます。

❷なわを頭の上で回しながら歩きます。慣れてきたら走ってみましょう。

補助力UP!

利き手だけでなく、両方の手でそれぞれ行うことが大切。続けるうちに手首を使って回せるようになってきます。

慣れてきたらなわを半分に折って歩いてみましょう。

安全POINT

大勢であそぶときは、他の人と間隔をあけます。移動するときも、人になわを当てないように注意。

協応性

走りとび

4歳児

なわ

なわとびをしながら走ります。足と手の動きを合わせてスムーズに進みましょう。

あそび方

なわを両手で持って回転させながら、前に進みます。なわをとび越えるときに止まってしまわないように。

補助力UP!

走りとびが難しい場合は、半分に折ったなわを両手にそれぞれ持ち、からだの横で回しながら走るあそびを取り入れてみましょう。

協応性

スキップしながら走りとび

5歳児

なわ

なわとびとスキップを同時に行います。何度も試すうちに、タイミングの合わせ方がわかってくるでしょう。

あそび方

スキップでジャンプするタイミングに合わせて、なわをとび越えます。少しずつスピードアップしましょう。

協応性

ころころボールをつかまえよう

3 歳児　ボール

転がるボールを追いかけて、つかまえます。目標物（ボール）を見ながら走りましょう。

あそび方

保育者が転がしたボールを追って子どもが走ります。追いついて、ボールをつかまえられたら大成功。

補助力UP!

ボールを転がすタイミングやスピードは、それぞれの子に合わせます。走って、追いつくぐらいの加減で。

協応性

まわりこみボール取り

4 歳児　ボール

先まわりして、ボールをキャッチします。余裕ができれば、手以外の部分で受け止めましょう。

○手でキャッチ

保育者が転がしたボールの進行方向に先まわりして、両手でつかみます。

○おへそでキャッチ

ボールの進行方向でひざをついて、おへそ（おなか）で押えて止めます。

○おしりでキャッチ

ボールの進行方向に立ち、ボールにおしりをのせて止めます。

バウンドボールキャッチ

5 歳児　ボール

ボールの動きを目で見て、手でキャッチするあそび。目と手の協応性を育てます。

補助力UP!

ボールを落とすときは、バウンドする高さや速さを、それぞれの子どもに合わせて調整します。

あそび方

保育者がボールを軽く上に投げてはずませます。はね返ったボールの動きを見て、手でキャッチ。「3回までに」などとルールを決めて行いましょう。

レベルUP

ボールを斜めにバウンドさせます。遠くへバウンドするため、走りながらボールをキャッチ。屋外など、広い場所で行います。

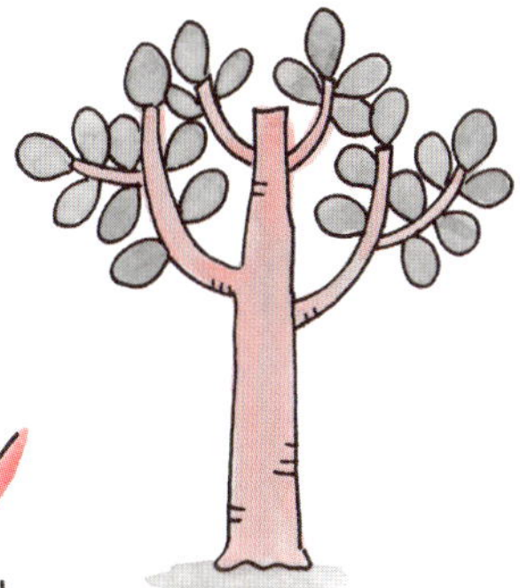

協応性

またがりながら進む

3歳児　平均台

平均台の上に座って、両手で進むあそび。とび箱の開脚とびにつながります。

あそび方

平均台にまたがり、しっかりと両手をつきます。両手、おしりの順に前に出して進みます。

安全POINT

平均台の下と着地点の床には、マットをしくようにします。マットが１枚しかない場合は着地点のみにしき、平均台の上では保育者がしっかりと補助します。

協応性

はいはいしながら進む

4歳児　平均台

平均台の上をはいはいで進みます。くま歩き（→p.13）をしてもよいでしょう。

あそび方

平均台の上に乗り、はいはいをします。手をしっかりとついて歩きましょう。

補助力UP!

細い平均台の上なので、手や足を踏みはずさないように注意。子どもと一緒に動くようにします。

協応性

手押し横歩き

5歳児

平均台

平均台の上に足をのせ、手で歩きます。腕でからだを支える「支持力」を高め、マットの側転や倒立につながります。

あそび方

両手をしっかりと床について、足を伸ばして平均台の上にのせます。手と足を移動させて、横に歩きましょう。

最初のうちは、足をまっすぐに伸ばすのは難しいでしょう。足を伸ばせなくても、腕は伸ばして手のひらを床にしっかりつけて。

安全POINT

平均台の上で足を滑らせると危険です。くつをはくか、靴下を脱いで素足で行いましょう。

協応性

ボールのおさんぽリレー

3歳児

ボール

なわにボールを引っかけて、後ろ向きに進みます。
力を入れすぎないようにしましょう。

あそび方

なわを両手に持って、先端のカーブの部分にボールをのせます。そのまま後ろに進んで、その速さをリレーで競いましょう。引っ張りすぎると、ボールが逃げてしまいます。

補助力UP!

まずは保育者がやって見せましょう。コツをつかむまで練習をしてからリレーに発展させます。

２つのチームに分かれて対戦します。折り返し地点にコーンなどを置いてターン。進行方向を変えるのも難しいものです。

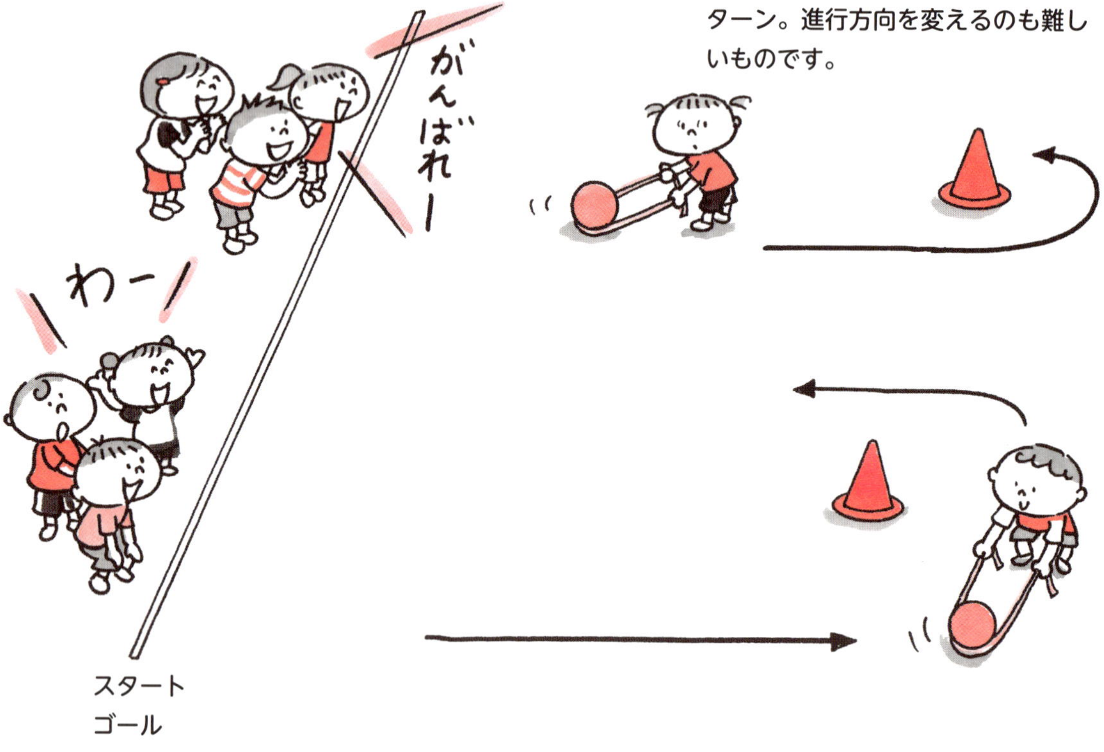

協応性

キックターゲット

4 歳児

ボール

**ボールを蹴って、ペットボトルを倒すゲーム。
目標に向かってまっすぐにボールを蹴ります。**

あそび方

○1人ずつ

1人ずつ、ボールを蹴ってあそびます。それぞれ倒す本数の目標を決めるとよいでしょう。

○チームで

2～3人のチームになってあそびます。チームごとに合計点数を競ってもよいでしょう。

●ペットボトルの並べ方

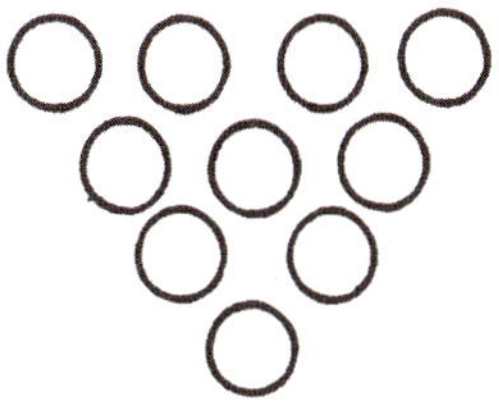

2ℓのペットボトルの空容器を並べます。できれば10本、ボウリングのピンと同じように。

初めは近くから。
慣れてきたら遠くから
蹴ってみてね！
phenix

協応性

お荷物運びリレー

5
歳児

ボール

ボールを運ぶ速さを競います。ボールはタオルの上にのせるので不安定。注意力が必要です。

あそび方

２チームに分かれて行います。２人１組になり、両手でタオルの端を持ちます。ボールをタオルの上にのせて運びます。落としたらひろって落とした位置から再スタート。先にゴールしたチームが勝ちです。

がんばってー
お友達と協力して
仲よくね
スタート
ゴール

レベルUP ★ なわを2本用意。2人1組で片手に1本ずつ並行になわを持ち、なわの間にボールをのせて運びます。

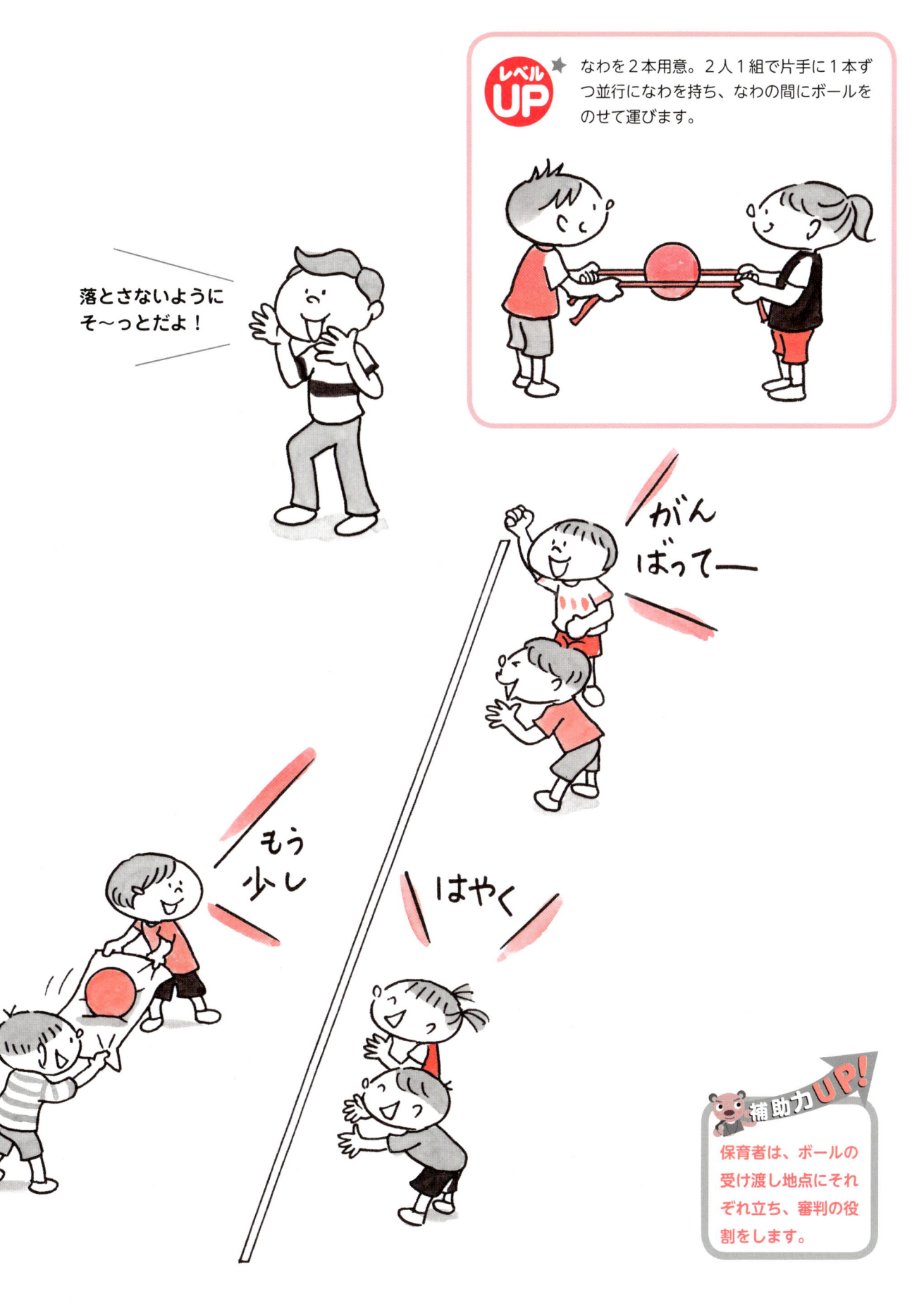

落とさないように
そ〜っとだよ！
がんばってー
もう少し
はやく

補助力UP!

保育者は、ボールの受け渡し地点にそれぞれ立ち、審判の役割をします。

巧《こう》緻《ち》性《せい》

巧緻性

ものまね大集合

3歳児　マット

手を使って歩く動物歩きは腕でからだを支える力（支持力）がつき、マット運動やとび箱の基礎となります。

あそび方

マットの上で行います。最初は保育者がやって見せましょう。

○くま歩き （→p.13）

手のひらをしっかりと床につけて、歩きます。

○ライオン歩き （→p.10）

くま歩きの状態から、片足を上げて歩きます。

○くも歩き

仰向けの状態でおしりを持ち上げ、手のひらと足のうらを床にぴったりとつけながら歩きます。

○わに歩き

いわゆるほふく前進。うつ伏せになり、腕を曲げてひじから先で前進します。

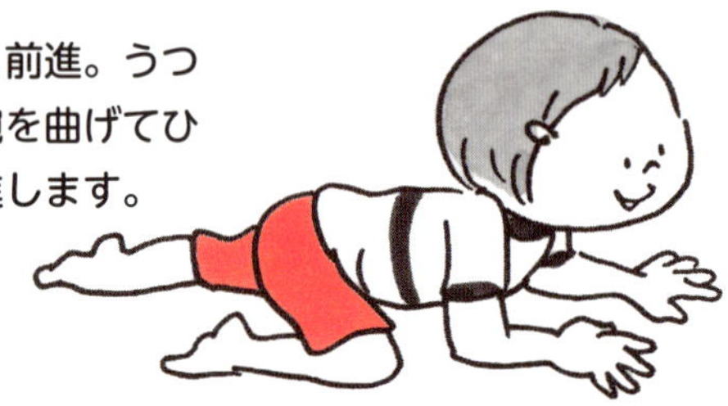

○うさぎジャンプ

手を耳に見立てたポーズで、ジャンプします。ピョンピョンと、何度も繰り返します。

○かえるジャンプ

足を曲げて両手を床につけます。手を上げてジャンプします。

巧緻性

回転しながらサイドジャンプ

4 歳児　マット

マットの上で、向きを変えながらジャンプ。ジャンプしながら前に進みます。

あそび方

からだをひねってジャンプし、反対向きに着地。これを何度か繰り返します。

補助力UP!

マットの終わり付近で待機。着地のときに転んだら支えます。

巧緻性

足タッチ歩き

5 歳児　マット

足のうらをタッチしながら、マットの上を歩きます。片足のときにバランスをくずさないように。

あそび方

マットの上に立ち、右手で左足のうら、左手で右足のうらをからだの前でタッチしながら歩きましょう。

レベルUP

からだの後ろでタッチ。右手で左足のかかと、左手で右足のかかとを交互にタッチします。

巧緻性

なわ結び

3
歳児

なわ

なわを結んでほどく、細かな動作を楽しみながら行います。カラフルななわをたくさん用意して。

いろんなところに
結んでね!!

あそび方

保育者のからだになわを結びます。なわは1回だけ巻いて、ゆるく結ぶこと。全て結んだら、今度はほどいてもらいます。

巧緻性

8の字回し

4
歳児

なわ

なわを「8の字」に回転させます。少しずつスピードアップさせましょう。

あそび方

なわを半分にたたんで端を持ち、肩を支点に、大きく8の字を描きます。からだ全体を使うイメージで行いましょう。だんだん手首を使って回せるようになります。

×
からだの前で
ばってんを
作るよ

通り抜け回し

5歳児　なわ

つま先やかかとを動かして、なわを通します。足元の細かい動きがポイントです。

足元の動き

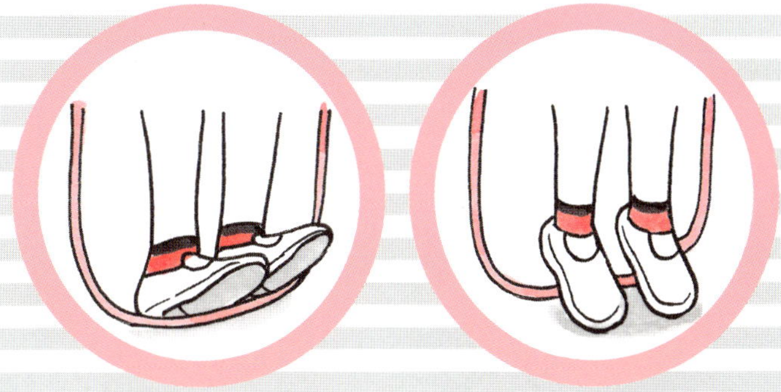

つま先を浮かせる　　かかとを浮かせる

あそび方

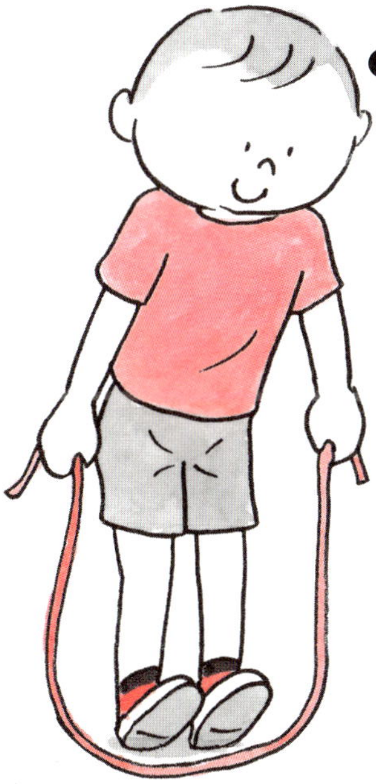

❶つま先を上げてなわを通します。

❷かかとを上げてなわを通します。

❸なわを後ろから前方へ回転させ、❶へ。

なわあそびは
とぶだけでなく、
工夫するとたくさんの
あそびができるよ！

巧緻性

まりつきキャッチ

3歳児　ボール

自分でついたボールの動きをよく見てキャッチ。
ドリブルにつながります。

あそび方

❶ボールを両手で持ち、下に落とします。

❷はね返るボールの動きをよく見ます。

❸両手でボールをキャッチ。

巧緻性

拍手キャッチ

4歳児　ボール

ボールが手から離れている間に、拍手をします。
どうすれば回数が増えるか考えましょう。

あそび方

❶ボールを上に投げます。

❷できるだけたくさん手をたたきます。

❸両手でボールをキャッチ。

息を合わせてポーン

5 歳児

ボール

1人1つのボールを持って、キャッチボールをします。タイミングを合わせて。

せーの
ハイッ！

あそび方

○2人で

2人1組で向かい合って行います。同時に相手にボールを投げ、相手が投げたボールをキャッチ。

○3人以上で

人が増えると難しくなります。多くても5人くらいまで。方向を決めてボールを投げ、自分に投げられたボールをキャッチします。

ハイッ
ハイッ
ハイッ

何回続くか、
チャレンジしよう！

巧緻性

なわほどき対決

3歳児

なわ

結んだなわを、すばやくほどく競争です。細かい動作をどれだけ速くできるでしょうか。

どっちのチームが
早くほどけるかな？
がんばれー!!
保育者
陣地

あそび方

❶２チームに分かれます。それぞれのコートに、結んだなわをたくさん散らします。本数は、人数の倍くらいが目安。

❷陣地に待機した子どもたちはスタートの合図でコートに入り、なわをひろってほどきます。

❸ほどけたなわは陣地に持ち帰ります。コート内のなわが先になくなった方が勝ち。

なわほどきは
集中力も
身につくよ！

巧緻性

なわずもう

4歳児

なわ

なわを引っ張り合って、足元のラインから出てしまったら負けです。ぐっと踏んばりましょう。

あそび方

❶なわやフープで陣地を作ります。1人ずつ陣地に立ち、1本のなわを持って引っ張ります。

補助力UP!

保育者の役割は行司（審判）だけではありません。なわやフープを踏んだときにバランスをくずしやすいので、いつでも補助できる体勢を。

❷引っ張ったりゆるめたりして、かけひきをします。ラインから足が出ると負けになります。

安全POINT

- 急になわから手を離さないこと（相手が倒れてしまう）。
- なわやフープを踏むと危険なことも。重ならないようにしておきましょう。

巧緻性

走りとびジグザグリレー

5歳児

なわ

なわとびをしながら、コーンを避けて走ります。カーブを上手に曲がりましょう。

あそび方

２チームに分かれます。各コースにコーンを３～４つ並べておきます。走りとびをしながら、ジグザグに走りましょう。最後のコーンでターンし、またジグザグに戻ります。

がんばってー
２人とも
速い！
がんばれー!!
スタート
ゴール

レベルUP★ ２人で１本のなわを回しながらジグザグリレーをします。なわはとびませんが、カーブでのバランスのとり方が難しいあそびです。

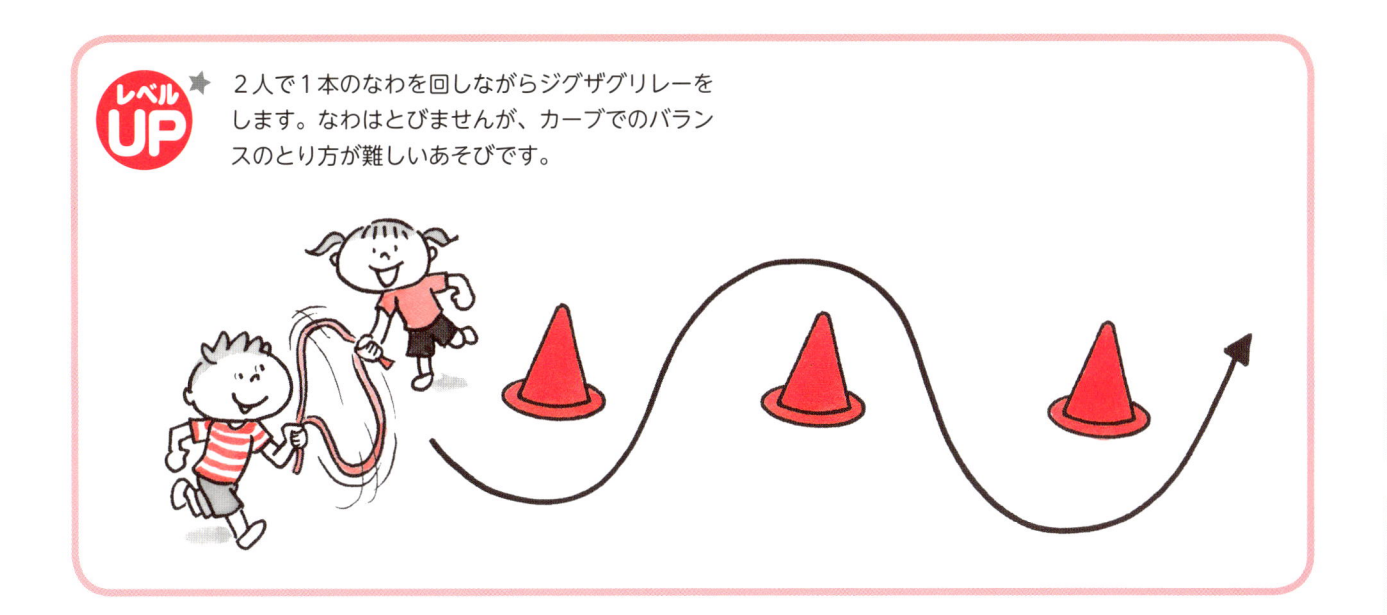

補助力UP!

保育者はスタート地点と、最後のコーンの近くに立ちます。カーブでバランスをくずして転ばないように注意しましょう。

親子体操

リラックスして、親子で楽しむ体操です。参加型の保育参観にもぴったり！　安全のため、滑りやすい体操は素足で行いましょう。

3歳児

力くらべ

筋力

親が胸の前で両手をぴったりとくっつけます。子どもがその手を離します。

携帯電話

柔軟性

親が足を伸ばして座り、足の上に子どもが座ります。2人一緒に前屈を。

つな渡り

平衡性

親がマット（家庭ではふとんなど）の上にうつ伏せになり、その上を子どもが歩きます。

手にタッチ

敏捷性

親が動きながら、さまざまな場所に手を差し出します。子どもがすばやく動いて、その手にタッチします。

よーし！
ここだよ！

タッチ！

瞬発力

足の上をジャンプ

向かい合って両手をつなぎ、親が片足を上げます。子どもはその上をジャンプ！

せーの！
ポーン

4歳児

筋力

エレベーター

親が片ひざをついて腕を曲げ、手のひらを上に。子どもは腕をピンと伸ばして、手を親の手にのせます。そのまま親が立ち上がります。

向かい合わせでタッチ

柔軟性

お互いに足を伸ばして座り、足のうらを合わせます。手と手でタッチ！

平衡性

かかしになろう

親が子どもをひざの上にのせて片足を上げます。2人で両手を広げてバランスをとります。

おしりにタッチ　敏捷性

お互いに相手のおしりにタッチします。自分はタッチされないように！

タッチしちゃうよー
にげろ！
I Become
Happy Feelings
Only By Seeing
Your Smile.

やられたあ
タッチ！

ジャンプしてくぐろう　瞬発力

親が足を伸ばして座り、その上を子どもがジャンプ。さらに親は「くも歩き」(→p.78)の姿勢になり、子どもはその下をくぐります。

ピョーン

5歳児

筋力

たたみ返し

親がうつ伏せになります。子どもは、親をひっくり返します。

柔軟性

背中合わせでタッチ

背中合わせになって立ちます。からだの横、下などにからだを曲げて、両手でタッチします。

平衡性

おひざの上でバランス

親はひざを立てて座ります。子どもがひざの上にのり、バランスをとります。

敏捷性

くまさんで足タッチ

「くま歩き」（→p.13）の姿勢で向かい合い、相手の足にタッチします。先にタッチした方が勝ち！

やられたー
タッチ！

タッチするよー

瞬発力

大の字ジャンプ

親が床の上に「大の字」になります。子どもは踏まないように、足や腕の上をジャンプ。リズミカルに！

ポン

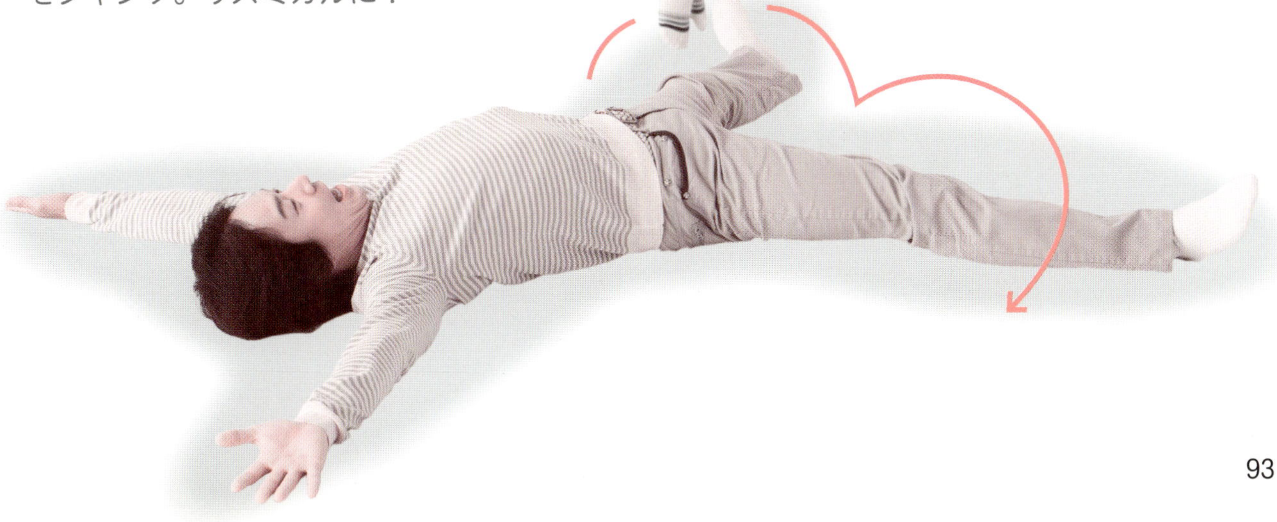

おわりに

いかがでしたか？　あそびのヒントはつかめましたでしょうか？　そうなんです。この本はあくまでもヒントで、一つひとつのあそびを広げるのは皆さん一人ひとりなのです。子どもと向き合い、今、目の前にいる子どもたちは本に掲載されている「あそび」をどのように応用したら楽しんでくれるだろうと考えてもらえたらうれしいです。

「あそび」に決まりはありません。この本をヒントに「あそび」をどんどん膨らませて、自分なりの「あそび」を作ってみてください。そして、自分自身の「指導力・補助力」を身につけてください。それが結果「子どもたちのために」なるのですから…。

この本が、少しでも皆さんのお役に立てば幸いです。

最後に、この本を出版するにあたり、たくさんの時間と労力を注いでくれた出版社の皆様、かわいいイラストを描いてくださったイラストレーターの皆様、そして、この本を選んでくださった皆様に感謝を申し上げます。

本当にありがとうございました。

佐藤弘道 主催「らくがきっ子体操クラブ」

有限会社 エスアールシーカンパニー

佐藤弘道が、ＮＨＫ教育番組「おかあさんといっしょ」に“体操のお兄さん”として出演していた2002年１月、体操を通じて楽しくからだを動かし、心とからだの発育発達を目的とした体操教室「らくがきっ子クラブ（現在の名称はらくがきっ子体操クラブ）」を設立しました。

「らくがきっ子」というのは、私たち大人が子どもの頃にノートの片隅にらくがきをして楽しんだように、からだを動かすこともらくがきをするような気持ちで楽しんでほしいという佐藤本人の願いを込めて名づけました。

このクラブはオリンピック選手のような競技的体操指導ではなく、生涯、からだを動かすことが大好きな健全な心身の育成に努めています。また、契約させていただいている幼稚園さんや保育園さんからは、運動会の指導も大変好評をいただいています。

このクラブの指導は、この本を見ても分かるように、子どもたちの大好きな「あそび」を題材にし、自然とからだを動かし、知らず知らずのうちに「ボディバランス（調整力）」を鍛えています。そして、「見る・聞く・待つ」ということができるようになり、集団の中から学ぶルールやマナーを会得します。

現在では幼稚園・保育園の正課体育、課外体操教室はもちろんのこと、全国の幼稚園・保育園・教育関連団体・自治体、海外の日本人学校などから、親子体操教室やイベント、特別体操教室、保育士指導者講習会、小学校教諭体育指導講習会、中学校・高校体育指導者講習会、幼児雑誌の出版やＣＤの作成など、幅広いジャンルでお声をかけていただいています。また、夏のサマーキャンプや冬のスキーキャンプも企画・運営しています。

■ クラブの詳細、または仕事のご依頼・

ご相談に関しましては、

㈲エスアールシーカンパニー ホームページ

www.src-company.com

または、

src-src-src@hyper.ocn.ne.jp

までお気軽にお問い合わせください。

佐藤弘道（さとう　ひろみち）

東京都生まれ。日本体育大学体育学部卒業。1993年４月から12年間にわたり、NHK「おかあさんといっしょ」の第10代目体操のお兄さんを務める。2002年に有限会社エスアールシーカンパニーを設立し、子どもたちと指導者のためのスポーツクラブを運営。全国で親子体操教室や幼児体操教室、保育士講習会などを行う。テレビ番組やCM、舞台、イベントなどで幅広く活躍中。著書に、『ひろみちお兄さんのもっと、からだで遊ぼうね！』（サンマーク出版）、『子どもはぜんぜん、悪くない。』(講談社)、『ひろみちお兄さんとたにぞうの思いっきり親子遊び』(世界文化社)、『ひろみちお兄さんの親子たいそう百科』（ポプラ社）など。
ホームページ　http://www.sato-hiromichi.com/

表紙・本文デザイン●(有)チャダル108
カバーイラスト●ノコゆかわ
本文イラスト●いとうみき／ノコゆかわ／町田里美／MICANO
撮影●山田貴輝（GLOWZ）
メイク●小林成江
スタイリング●くどうみつこ
協力●(有)オーツースリー
(有)エスアールシーカンパニー
(佐藤久美子／石崎 潤／根本まりえ／亀井教人／三河侑子)
らくがきっ子体操クラブ
編集協力●(株)童夢
校正●(株)文字工房燦光
編集担当●石山哲郎／西岡育子

ひろみちお兄さんのからだあそび

2010年11月　初版第１刷発行
2013年２月　　第３刷発行

著　者／佐藤弘道　© Hiromichi Sato 2010

発行人／浅香俊二
発行所／株式会社チャイルド本社
〒112-8512　東京都文京区小石川5-24-21
電話／03-3813-2141(営業)　03-3813-9445(編集)
振替／00100-4-38410
印刷・製本／図書印刷株式会社

ISBN978-4-8054-0175-0　NDC376　26×21cm　96P　Printed in Japan

チャイルド本社ホームページアドレス　http://www.childbook.co.jp/
チャイルドブックや保育図書の情報が盛りだくさん。どうぞご利用ください。